JN409479

나만 알고 남은 모르는 인생살이

늦깎이 글 수필과 여행 (제2집)

나만 알고 남은 모르는 인생살이

임동석

신아출판사

| 머리말

초등학교 5학년 때 담임선생님으로부터 글짓기 숙제를 받은 일이 있다.

내용은 자유로이 하되 주제는 크게 벗어나지 말라는 당부를 받았다. 나는 그때 제목을 '책'으로 하여 썼는데, 다음 날 과제물을 거두어 검토하시더니 다섯 편을 골라 발표를 시키는 것이었다. 나도 그중 하나였는데, 주제에 맞는 글이라며 칭찬을 받은 일이 있다.

때는 1950년 6 · 25 전쟁 중으로, 전선(戰線)이 남하하자 피난길에 올라 읍내는 텅 비던 시절이었다. 당시 내 피난처는 읍내 변두리 인삼밭 원두막이었고, 그때 가지고 나온 게 책이었다. 북한군이 진주(進駐)하자 읍내는 폭격으로 삽시간에 불바다가 되었다. 다급해진 상황에 책은 원두막에 놓아두고 야음을 이용하여 외가를 찾게 되었고, 그 이후로는 외가 식구들과 더불어 산속으로 벽촌으로 옮겨 다니며 피란 생활을 하였다. 읍내가 수복되자 원두막에 찾아갔는데, 다행히 책은 그대로 보존되어 있었다. 얼마나 반갑던지. 글이 '책'을 되찾기까지의 과정과 희열을 그렸다. 그게 나에게는 처음이자 마지막 글인 줄 알았다.

그러다 우연히 글을 접하게 된 것은 60대 중반 나이, 컴퓨터에 '가족 카페'를 개설하였고, 그 카페를 통하여 가족 간에 일상을 주고받았는데, 가족 화목은 물론 노년기 여가생활에 얼마나 큰 활력소가 되었던지 모른다. 그 글들을 모아 처음으로 펴 낸 책이 '우리 가족 이야기'였다. 연이어 수필로 등단하였고, 그 이후 문예지에 실린 글에다 여행기를 더해 엮어낸 수필집이 "49년 만에 풀어 보는 비밀"이었고 이번으로 세 번째인데 '팔순'을 겸한 기념 집이 된다.

수필가입네 보내온 세월 13년, 쓰면 쓸수록 어려운 게 글쓰기가 아니던가 싶다. 미욱하기로는 노력과 집념이라도 있었어야 할 터인데, 이제까지 수필 강의 들어 본 적 없고, 글쓰기 학원 발 디뎌 본 적이 없다. 대신 글쓰기 요령이며, 수필집은 정기 구독하여 열독은 하고 있는데, 어찌 내용이 깊고 글 솜씨들이 유려한지 감탄할 때 있다. 이를 거울삼아 분발을 자촉(自促)하면서,

이 책을 엮어내기까지 그동안 독촉해주고 용기를 준 사랑하는 아내에게 진심으로 고마운 뜻을 전하며, 그동안 문예지에 글이 실려 나올 때마다 읽어 주고 용기를 준 자녀 가족, 친지, 동료들에게 아울러 진심으로 고마운 마음을 전한다. 미흡하나마 글과 함께하는 여생을 보내리라 다짐하며, 변함없는 관심과 격려를 부탁드린다.

2018년 4월, 팔순을 자축하며

錦谷 임동석

| 차례

1

수필

2

여행기

1

수필

빈자리

얼마 전 M 씨와 점심을 마치고 택시를 타고 귀갓길이었는데, 무슨 말인가 끝에 “안사람 ‘빈자리’가 이래 클 줄은 몰랐습니다.” 애잔한 목소리에 비통함이 묻어나 얼마나 가슴 뭉클했었던지. 우리 아파트 경비원으로 15년 근무하다 퇴직한다기에 위로 차 점심을 나누고 오던 길이었는데, 상처한 지 1년 6개월 되어간다. 비통함이야 어찌 말로 다 할고만, 그동안은 단 한 번도 내색한 적이 없었다. 그런데 일자리까지 그만두게 되니 만감이 교차했던가 보다. 더하여 미혼인 아들과 살아간다는 게 내키는 일은 아니리라. 그렇다고 70 넘은 노령에 건강까지 쇠잔해가는 마당에 다시 일자리 찾기는 어려울 것만 같아 어찌 위로해야 할지 애잔한 마음이 들었다.

돌아와 ‘빈자리’ 사전을 보니 ‘비어있는 자리’로 풀이가 되어 있다. 비었대서 공허하고 실답잖은 뜻만은 아니리라. 여유와 넉넉함도 묻어난다. ‘마음을 비웠다’라는 말처럼이나 성자다운 면모도 있다. 조금 더 들여다보면 오욕칠정(五慾七情)을 극기(克己)한다는 뜻이겠는데, 그게 어디 그리 쉬운 일이겠는가. 그런데도 주변에서 흔히 듣고 사는 걸 보면 입에 발린 말인지, 안심입명(安心立命)의 경지에 다다른 이들이 많은지, 여하튼 비운만큼이나 속내 깊고도 흔한 말도 그리 많지는 않을 것 같다. 언젠가는 떠나가야 하는 우리 인생, 사별이야 어쩔 수 없는 일이지만 이혼에다 졸혼(卒婚)도 심심찮은 세상이 되었고 미혼 남녀는 어찌 그리도 많은지. 현재 우리나라 나 홀로 가구는 27.2%라고 한다. 문제는 사별인데 외로움을 어찌 달랠까 싶다.

M 씨의 경우인데, 외출하고 돌아와 집안에 들어설 때의 느낌은 썰렁하다 못해 참담하다고 한다. 건지산에 올라 산책 때면 내외가 함께 걷던 편백 숲길이며, 쉼터에서 정담을 나누던 자리 앉다 보면 사무치는 그리움에 눈물이 왈칵 쏟아진다고 한다. 나도 모르게 눈시울이 뜨거웠는데, 어디 부부만이던가. 어머님이 저세상으로 떠나시고 첫 고향 나들이 때였는데, 어찌 허무하고 쓸쓸하던지, 마루며 뜰이며 어머님의 발자취 좇아 눈물 적시던 생각이 난다. 월여 전에 시제 때인데, 그간 맺어진 종친들이 한 해 한해 떠나시더니만 이제 거의 떠나시고 구십 고령 한 분만이 남으셨다. 유독 반겨주시던 분마저 안 보여 물으니 지난해 떠나셨다고 한다. 돌아오는 길, 차창 밖 경관이며, 스쳐 가는 풍물마다 무심결에 흘러갔을 뿐, 망상에만 잠기다 왔다.

어찌 빈자리가 사람뿐만이랴. 한촌에 빈집은 어찌 그리 많고 노변에 비워진 채 간판만이 휑뎅그렁한 점포는 그리도 많은지…, 길 오가며 늘 내 집처럼 관심 가던 상호(商號)가 있다. 현직 시절, 임지(任地) 따라 변두리 시 · 군으로만 돌다 전주로 진입한 지 40년 세월. 처음 세 들어 살던 집이 K 씨 댁이었는데, 눈총받이 자녀들이 걸렸건만 싫은 내색 전혀 없으셨다. 2년간 살다 떠나왔는데, 그분이 운영하는 업소가 법원 앞에 자리한 '법무사 김OO 사무소' 시내버스를 타고 지나려면 자연 눈길이 간다. 그런데 어느 사이 상호가 내려졌다. 혹시 무슨 일 겪으신 건 아닌지 의문 들어 들렀더니 연만하여 그만두셨을 뿐 걱정할 일은 아니라고 한다. 얼마나 안심이었던지.

애별리고(愛別離苦)라던가. 이처럼 큰 고통도 없으리라. 그런데도 마지못해 사는 이들도 있다. 동료 B 씨의 경우인데, 산소 호흡기를 달고 산다. 처음엔 폐렴으로 진단받고 입·퇴원을 반복하더니만, 진전이 없자 큰 병원을 찾아 서울을 오르내렸다. 최종으로 받은 진단은 '루게릭'병이라고 한다. 치료법이 없어 완화제만 쓰는데 이제는 산소 호흡기로 겨우겨우 연명을 하고 있다. 하루가 여삼추 같을 게 한숨밖에 더 있겠는가. 가족을 만나 우연히 들은 하소연이었는데, 더는 기댈 게 없어 잠자듯이 조용히 눈을 감아 주었으면, 바랄 게 없다고 한다. 얼마나 지쳤기로 말이지. 가슴 아픈 사연을 들으며, '긴 병에 효자 없다.'던데, 탓할 수만 없는 인륜의 벽을 느낀다.

이런 노년기 현상을 접하며 은근히 동요가 되는 게, 기약 없는 여생, 돌아보니 팔순 나이 되어간다. 주변에 보면 사후 대비하는 이들 있고 나도 마음만은 한신들 놓아본 적은 없는데, 미련 때문인지, 책이며, 가족사가 담긴 사진첩이며, 소장품을 어찌 정리할 것인지. 그 빈자리는 무엇으로 채울지, 고심하고 있다. 무엇보다 건강이 이만한 게 망설이는 이유요, 너무 서둘러 '빈 세월' 자초하는 것 아닐까 싶은 게 다음 이유다. 아무튼, 정황 살펴 가며 여생 관리에 지장 없도록 심사묵고(深思默考)할 일이다.

'빈자리'에 젖어 들다 보니 불현듯 신문에서 본 수필 생각이 난다. 2년 전 조선일보, 남원 도통동 성당 권이복 신부님이 쓴 글이었는데, 주제는『참 다행이다! 둘이라서』내용을 보면 가족이지만 주제에서 풍기듯 핵심은 부부가 아니던가 싶다, 그 일부를 옮겨 보면,

"가정은 생명의 원천이요 행복의 근원이다. 가족이 없으면 생명도 없고 행복도 없다. 누군가 삶의 근원인 가정을 떠나 행복을 추구한다면, 참으로 어리석은 짓이다. 사실 모든 일–돈 버는 일, 출세하는 일, 지위나 신분–이 가정의 행복을 위한 것 아닌가. 가족이 없다면 무엇을 위해 그 험한 세상을 살아야 하는가. 모두가 내 식구, 내 가족을 위한 몸부림이 아니겠는가?"

"이 세상은 가정의 도움 없이 살기엔 너무나 힘들고 외로운 사막이요 광야다. 식솔과 식구 없이 한 생(生)을 산다는 것은 죽음 그 이상의 고독이요 외로운 몸부림이다. 가족이 있어 이겨내고 가정이 있어 살아갈 힘을 얻는다."

이토록 소중한 게 가정사요, 내 가족이건만 둘도 없는 아내를 떠나보내고 고독과 외로움에 젖어 있을 M 씨에게 무어라 위로를 건네야 할

지. 가슴 아픈 사연을 다시 한번 전하며, 오늘따라 연인 같고 친구 같은 아내에게 더없는 사랑과 신뢰를 보내고 싶다. 가끔은 티격태격하면서도 알콩달콩 살아온 세월이었지 않은가 싶고, 오늘도 백내장 수술을 하고 안대 부착으로 고역스런 모습이지만 혹시 잘 못 될세라, 살아오며 한시도 마음 떠나본 적 없는 아내, 이 세상 다하는 날까지 그간 못다 한 삶을 함께 나누고 싶다. 신부님 글에 자꾸만 관심이 가는 것도 빈자리의 암울한 그늘 탓이리라 믿어보며, 새길수록 더욱 실감이 가는 게, 그러게요. "참 다행입니다! 둘이라서."

(2017. 6. 문학의 뜰 제16호)

흡연 유감

시내를 오가는 중에 가끔이지만 들르는 건물이 있다. 기린로에 위치한 대우빌딩인데, 목적은 화장실 이용이지만, 그때마다 눈에 들어오는 게 건물 밖 모퉁이 공간의 흡연 장면이다. 끼리끼리들 어울려 담배를 피우는데 그중에도 눈길을 끄는 건 아가씨들이 담배를 물고는 라이터 불을 댕기는 장면이며 연기를 내뿜는 장면이 전혀 거침없고 스스럼이 없다. 오가는 행인 많건만 의식하지도 않는다. 우연히도 그곳을 벗어나 귀갓길에 아가씨의 노상 흡연 장면을 다시 한 번 목격하면서 불현 듯 외국 여행길에 보았던 장면이 떠올랐다. 노르웨이 오슬로에서 여성들 노상 흡연이며, 스페인 바르셀로나 명품거리 람볼라스에서 연인들인 듯, 어울려 담배를 피우는데, 너무 자연스러워 평온(平穩)한 느낌에 정감마저 와 닿던 게 이국풍정(風情)이려니, 별미로 넘긴 일이 있다. 그런데 내가 사는 지방도시에도 이와 전혀 다름없는 모습을 보면서 세계가 하나로 전이되는 느낌을 받는다.

이처럼 변화해가는 시대흐름을 지켜보며 그러려니 하면서도 나도 모르게 관심이 가는 게 여성흡연인데, 성별이 다르대서만도 아니고 시시비비를 가리고자함도 아니다. 정자 그늘에 할머니들이 긴 담뱃대물고 담배 피우던 모습이며, 노변정담 속에 담뱃재 톡탁대던 모습은 익히 보고 자라왔었다. 부싯돌에 불을 지펴 종이에 봉초 담배를 말아 불을 붙이던 모습은 그립기까지 하다. 그런데도 우리나라는 젊은이들이 어른 앞에서 흡연만은 불경스런 일로 여겨왔고, 여성들의 노상흡연은 금기처럼 되어왔다. 그런데 언제부터인지 고교생이 가방 멘 채 버젓이 노상흡연이 눈에 띄더니 여학생 흡연 장면도 심심찮은 세상이 되었다. 여고 옥상에 가면 담배꽁초가 널려있고 화장실에 담배연기 자욱하단 말 들어 온지도 오래다. 우리 고교시절 조회시간이면 전교생이 불시에 소지품 검사를 받았고 주안점은 불량 학생 흡연 단속이었음을 되돌아보면서 천지개벽된 세상을 느낀다.

그런데 내가 살아오며 유독 흡연에 관심을 갖는 건 다름이 아니다. 흡연의 해악인데, 우리 부부는 기관지가 약하다. 간접흡연만으로도 가슴이 답답하다. 아내는 신혼시절 2년간을 기침으로 지내다시피 하였고 나도 감기 한번 걸리면 기침으로 불면의 밤을 새우곤 한다. 때론 늑골이 울리고 뱃살이 다 아플 지경인데, 이처럼 유해무익한 것을 어찌 그리들 피워대는지. 남의 고통을 아는지 모르는지. 흡연구역 지정되어있지 않은가. 그런데 주변에 보면 노령임에도 여태 끊지 못한 동료 있다. 한번은 담배연기에 지쳐 작심하고 작작 그만 피우라며 불만을 토로했더니, "집에서도 구박받아 밖에 나가 피우느라 고역인데, 이런 말을 또 들어야만 하나. 친구가 이해해주면 안 되는가?" 라며 오기서린 답변 듣던 기억이 난다.

애연가 치고 가족으로부터 환영받는 일은 없으리라. 맑은 날 창문열고 베란다에서 바깥 바람을 맞으며 심신을 푸노라면, 때맞추어 매캐하니 연기 날아들 때 있다. 내려다보면 젊은이가 창문으로 고개를 내밀고 담배를 피우고 있다. 이럴 땐 우선 화급하여 문 여닫기 바쁘다. 노상흡연을 보면 멀리피해 돌아가지만, 공기흐름을 타고 어쩜 그리 멀리도 퍼져 폐부에 와 닿는지, 오늘도 걷기운동 차 아중천변을 걷는 중인데, 중년남성이 둑 계단을 내려서며 담배를 꺼내 물더니만 빈 담배갑은 남 이목 아랑곳 않고 휙 내던진다. 쉼터에 앉으려니 가래침투성이에 피우다버린 담배꽁초는 연신 독기를 피워내고 있다. 운전 중 창밖으로 털어내는 담뱃재는 얼마나 거슬리고 가증스러운지, 이 모두가 염치없고 자기기만 소행들 아닌가.

2년 전 담뱃값 인상을 놓고 말들이 많았다. 서민의 숨통을 죄었다는 둥, 세금인상에 그 목적 있었다는 둥, 지금이라도 내려야한다는 둥, 대선을 앞둔 정치인들로부터 "담배는 서민들 시름과 애환을 달래주는 도구인데도 현 정권이 빼앗아갔다."며, "탐관오리 수탈 다름없는 담뱃값, 인하해야"라는 글들이 뜨인다. 이런 현상을 바라보며, 돌연 일본인 '이케하라 마모루'가 쓴 책이 생각이 났다. '맞아죽을 각오를 하고 쓴 한국, 한국인비판'서인데, 1972년 한국에 건너와 26년간 생활하며 보고 느낀 소감을 가감 없이 털어놓았다. 때론 가혹하리만큼 예리한 비판이었는데, 오죽하면 맞아죽을 각오까지 하고 썼겠는가. 이에 빗대 하는 말이지만, 나는 당시 담배 값 인상을 놓고는 올릴 테면 선진국수준으로 올리지 어중간히 올렸다며, 2,000원 인상이 무언가. 금연효과가 있을까. 예상대로 기대에는 미치지 못한 것 같다. 선진국사례에서 보듯 금연대책 중 가장 큰 효과는 담뱃값 인상이다. 아직도 우리나라는 호주(15.9달러)와 영국(12.7달러)에 비하여 3.8달러에 불과하며, 그 중 호주에 비하여는 4분의1수준으로 OECD 34국 중 31위라고 한다. 러시아는 담배 값이 1달러에 불과하여 흡연율이 무려 60%에 이르러 흡연대국의 오명을 쓰고 있다.

백해무익한 담배. 아무리 기호품이래도 그렇지. 걱정이 되는 게, 나이 들수록 흡연인구는 주는데 반하여 청소년 인구는 늘어만 간다. 그토록 금연을 호소해 보지만 귀담아들으려 들 않는다. 건강이며 가정경제며 환경문제며 어찌 풀어가야 할지 난감하다. 그런데 바람대로 되는 일 있던가. 세상이치 양면성인데, 달리 보니 애국청소년들 같다. 연초제조창이며, 담뱃가게며, 비약하자면 병원 좋고 약국 좋고, 지방세수(稅收) 기여는 그 얼마인가. 슬슬 심술궂은 성미가 발동하는 게, 즐기고 탐닉하는 것도 괜찮을 것 같다. 여유와 취향이라는 데에야 할 말 없고 '걱정도 팔자'라면 할 말 어디 더 있겠는가.

엊그제도 대우빌딩을 거쳐 오며 건물 밖 흡연실을 둘러보았는데, 청소원은 널브러진 꽁초, 빈 갑 쓰레기 비질하여 쓸어담느라 여념 없고, 자녀 같은 여인들은 무심한 듯, 예사로이 담배연기를 뿜어대고 있다. 보기 민망하여 서둘러 떠나왔는데, 격세지감이라니, 이를 두고 하는 말이리라. 오늘도 주말을 맞아 광화문광장에는 촛불집회와 태극기집회가 동시에 열려 서로 내 주장이 옳다며 끝 모르는 열기를 뿜어내고 있다. 겪어보지 않은 일은 실감 할 수 없듯, 크게 보면 보수와 진보요, 경험세대와 미경험세대간 논쟁이지 않은가 싶다. 혹시 몰라 가정이지만, 담뱃값인하가 이루어져 흡연인구가 늘어난다면, 그 결과 국민건강이 악화되고 건보재정이 영향을 받는다면, 그 대책은 무엇일지, 있기나 한지. 궁금하고 미심쩍은 마음이 든다. 아무리 표심(票心)이라도 그렇지, 기우(杞憂)이기를 바라는 마음 간절하다. 부디부디 건강하고 쾌적한 환경이 되었으면…,

(2017. 3. 문학의 뜰 제15호)

이별 준비

두어 달 전 처음으로 자기공명영상(MRI)검사를 받았다. 서울에 있는 '노원참튼튼병원'에서였는데, 검사결과는 '요추 추간판 탈출증' '요추 척추관 협착증' '경추 추간판 탈출증' 세 가지였다. 엑스레이를 겸하여 찍은 영상물을 놓고 담당 의사로부터 자세히 설명을 들었는데, 알 것도 같고 모를 것도 같다. 그 분야에 생소하기 때문이었다. 의사는 전주에 내려가 다른 병원을 찾을 때 지참하여 참고하도록 그 내용을 CD에 담아 주었는데, 자료 요청이 없어도 이토록 알아서 잘 챙겨 주는구나. 고마웠다. 집에 돌아와서 다시 병명에 적힌 의학 용어와 관련 내용을 검색하고 확인하고서야 확실하게 와 닿았고, MRI와 엑스레이 차이점이 무엇인지도 아울러 알게 되었다.

그동안은 건강관리에 열심히 한 탓에 큰 질환은 모르고 살아왔었다. 매월이다시피 보건소를 드나들며 건강 검진도 받는다. 그러니 장기 처방받아 약 먹을 일도 없다. 그런데 언제부터인지 허리에 통증이 시작되더니 좋았다. 나빴다를 반복하는 가운데 횟수도 잦아졌다. 나는 웬만한 고통은 참아 넘기는 성미다. 근래 들어 더 잦아진 허리 통증이었지만 이번에도 때가 되면 절로 나아지려니 감내하던 중이었다. 그러던 차, 아들의 권유로 받아 본 검진이었다. 결과는 의외였는데, 이번 기회를 통하여 원인도 밝혀내고 건강을 되짚어보는 아주 유익한 경험이 되었다.

바야흐로 백세시대, 길거리에 나서보면 보이느니 노인뿐이다. 노인의 각기 다른 모습들인데, 백발이나 대머리만으로는 노인 반열에 들지도 못한다. 등 굽은 노인, 절룩이는 노인, 보행기 끄는 노인, O자형 다리로 뒤뚱발이 노인, 어떤 이는 재활 훈련인지 한 발짝 뜨고 숨 한 번 쉬고, 또 한 발짝 뜨고 또 숨 한 번 쉬고, 안쓰러움에 보는 가슴이 다 미어진다. 내가 사는 아파트 담 너머엔 '우리요양병원'이 있는데, 규모가 크고 시설도 깔끔하다. 날씨 맑은 날이면 바깥바람을 맞으며 쇠잔한 몸들을 추스르는 모습이며, 걷느라 지팡이에 의지하여 안간힘을 쏟는 노인, 망연히 앉아 오가는 이를 무심히 관망하는 노인, 휠체어에 실려 끼리끼리 한담하는 노인 등 다양하여 노부지둔(老腐遲鈍)한 모습에 진풍경 한 모습인데, 이를 보며, 사는 게 무엇이고 말년인생은 저래 보내야만 하는 건지 고뇌가 들고 착잡한 마음에 쌓인다.

그런데 살아가며 참으로 충격적인 일은 돌연사가 아닐까 싶다. 요 며칠 전 날아든 문자였는데, 친구 아들 부고였다. 조문 차 갔더니 자식을 앞세운 불운을 탄식하며 망연자실한 모습을 보면서 무어라 위로의 말들을 잃었다. 50대 초반 나이로 심장 마비였다고 한다. 다음 날도 또 그다음 날도 연이어 날아든 비보였는데, 믿어야 할지 말아야 할지, 같은 돌연사였다. 하루 사이로 앞서거니 뒤서거니 들 다시는 되돌아올 수 없는 하늘나라 먼 여행길을 떠났는데, 모두가 5~60대 나이, 이 무슨 운수불길이었던가 싶다. 집안 어르신은 젊어서부터 병약한 심신에도 근년 들어 운명하시기까지 101세를 누리다 가셨는데, 알다가도 모를 인생 아닌가. 며칠 전 노상에서 우연히 들은 어느 노파의 넋두리였는데, '내장이 썩어야 죽지 허리 팔 · 다리 쑤셔서야 일찍 죽는 게 아니라는 데, 아이고 내 팔자야' 진심 같기도 하고 푸념 같기도 한 게 애처롭게 들려왔다.

언젠가는 모두 털고 떠나가야 하는 우리 인생. 그러고 보니 주변분들 많이들 떠났다. 만인의 우상 같던 고매한 위인도 철인들도 떠나고, 정치가도, 이웃도, 집안의 어른도 많이들 떠났다. 산다는 게 무엇인지. 삶의 굽이굽이를 되뇌어 보는데, 어느 '행복한 삶의 조건'에서 보니 이런 글이 실려 있다. '때로는 죽음을 생각하십시오. 그리고 그 위에 당신의 생명을 설계하십시오, 오늘이 마지막이라고 생각하십시오. 죽음의 갈림길에 서 있음을 안다면 한층 인생의 무게가 더해질 것입니다.'

나는 오늘도 걷기 운동 차 아내와 함께 소양천*을 걸어 보는데 빛바랜 갈대숲마저도 선들거리는 바람에 감흥이 새로워지고, 억새의 하늘거리는 은빛이 유별나게도 찬란하다. 청둥오리가 인기척에 놀라 물길을 박차고 무리 지어 하늘을 나는 모습도 보니 호기롭고 활기차다. 눈길 닿는 것마다 경이요 환희다. 내 언제 이런 사소한 일상에 그리 큰

---

* 소양천: 완주군 소양면에서 발원한 만경강 상류 천

감동받은 적이 있었던가. 살아오며 그동안 큰 질환은 비켜왔지만, 녹내장이며 치아며 무릎 통증이며 어지간히도 잔 고장은 늘 달고 살아왔었다. 그리 보니 세상을 달리 보는 안목도, 은연중 심연 깊이 자리해온 마음의 준비요 이별 준비가 아니었던가 싶다. 건강은 건강할 때 대비하라 하듯 말이지. 내달려가는 연륜 속에 미처 모르던 즐거움과 행복이 솔솔 묻어나는 것 아닌가.

나이 듦이 무엇인지. 이제 돌아보는데 그동안 맺어온 인연과 모임들이 빛깔 잃은 만남이 되어간다. 서둘러 먼저 이승 떠난 친구, 중병 들어 자택 요양하느라 두문불출하는 친구, 부부 중 어느 한쪽 건강이 무너져 수발드느라 만남을 포기한 친구 등 다양한데, 건강이 부실해져 아예 파기된 모임마저도 있다. 철들자 망령 난다던데, 세월이 무엇인지, 하루하루가 어찌 그리도 값지고 소중한지, 마치 천만금과도 같은 무게가 느껴지는 게 '오늘이 마지막이라고 생각하십시오. 죽음의 갈림길에 서 있음을 안다면 한층 인생의 무게가 더해질 것입니다.'라는 명구가 마치 나의 잠든 영혼을 일깨우는 메시지만 같다. 갈수록 더해오는 부부지간이며, 혈육이며, 이웃이며 보물 같은 동료와 함께하는 모든 삶이 존귀하고도 자경지심(自敬之心)느낀다. 세월이 주는 혜안이요 지혜로움이 아닌가 싶다. 그리움의 세월이로다, 마음 한가득 가을걷이 인생길이여…,

(2017. 1. 문학의 뜰 제14호)

나만 알고 남은 모르는 인생살이

나도는 유머에, '며느리와 딸의 차이'인데,

새 며느리를 본 아줌마에게 "며느님 보셨다면서요? 어때요? 잘해요?"

"말도 말아요, 이건 어떻게 배워먹은 것인지, 아침에 제 남편이 출근을 하는지 마는지도 모르고 해가 중천에 뜰 때까지 퍼져 자죠, 그렇게 느지막이 일어나서는 뭐 몸이 찌뿌드드해서 헬스클럽에 가야겠다며 나가서 백화점 순례까지 하고는 다 저녁이 되어서야 슬슬 들어오지를 않나, 들어오면 또 뭘 해요, 제 남편한테 외식하자고 전화해서는 나한테는 말 한마디 없이 그냥 나간다우. 이게 뭔 놈의 팔잔지."

"참, 따님 여의셨죠? 잘 산대요?"

"말도 말아요, 시집은 그렇게 가야 한다우. 맨날 늦잠을 자도 시어머니가 뭐라고 말을 하나, 헬스클럽으로 쇼핑센터로 허구헌 날 돌아다녀도 뭐라는 사람이 있나, 게다가 사위하고 맨날 외식만 한다우. 내 딸이 시집 하나는 잘 갔지 뭐유."

남이 하면 불륜, 내가 하면 로맨스라던가. 웃음이 나왔다.

아낙네 모임에 가면 흔히 화제가 시댁 이야기이고, 시어머니들 모임에 보면 단골 화제가 며느리라고 한다. 바로 고부 관계인데, 일상을 통하여 이만큼 말도 많고 탈도 많은 이야깃거리는 없으리라. 그런데 여자는 누구나 며느리이자 딸이요, 친정어머니이자 시어머니다. 다른 점은 친정이냐 시댁이냐의 차이가 아닌가 싶다. 남남으로 태어나 각기 다른 환경에서 살아오다 인연으로 만나 가정을 이루고 인척 관계가 이루어졌으니 서로 다름은 필연이요 갈등은 있기 마련이리라. 시대변화마저 너무 빨라 친자 간조차도 격세지 판 세상이 되어간다.

7월 마지막 주말 아들네 가족이 올라왔다. 삼복더위, 자정이 가까운데도 아직 열기에 후덥지근하다. 잠 못 이루고 뒹구는 중인데, 언뜻 그림자가 어른거려왔다. 아들이었는데, 보일러 전원을 켜놓고 나간다. 그런데 불빛 위치를 보니 목욕 기능이 아닌가. 찬물샤워도 시원찮을 판에 더운물을 쓰다니, 손주 때문인가 싶었지만, 설령 그렇기로서니…, 아내와 귀엣말을 다 주고받았는데, '흉 각각 정 각각'이라더니 이를 두고 나온 말이리라. 우리 집은 내외만 살기에 보일러 스위치를 이용에 편리하도록 안방에 설치해 놓았다. 그러니 누구든 더운물을 쓰려면 안방을 거치게 되어있다. 여느 땐 켜도 그만, 안 켜도 그만일 때여서 예삿일로 넘겼는데, 이번만은 아니었다. 별난 느낌이었던 것이다.

직장 초년시절 생각이 난다. 남원에서 하숙하던 때였는데, 제일 귀한 게 물이었다. 직장은 출장이 잦았고 그럴 때마다 귀가는 늘 한밤중이었다. 문제는 엄동설한이었는데, 하숙집에는 수도시설이 없었다.

늦은 시각이니 인기척 낼 수도 없었다. 부득이 인근 계곡 물을 이용할 수밖에 없었는데, 밖으로 나가 씻고 올라치면 어설프고 손발이 어찌나 시리던지, 깨지고 터질 것만 같았다. 체온유지에 손발만큼 예민한 부위도 없으리라. 한번 차가워진 냉기는 손발이 다 녹을 때까지 가실 줄을 몰랐다. 달리 방법도 없었다. 어렸을 적 서릿발에도 우물물을 두레박질하여 머리 감던 기억도 난다. 중년기를 넘기도록 냉수마찰로 체력을 다져왔으니 온수는 있어도 그만 없어도 그만인 세상을 살아온 셈이다.

나는 자녀가 1남 2녀로 외며느리를 두고 있다. 우리 집 대를 이어갈 며느리다. 그러나 객지생활 하느라 함께 살아본 적은 없다. 명절이나 행사 때 만남이 고작이다. 그러니 가끔 전화벨을 타고 들려오는 목소리는 얼마나 반가운지. 그런데도 유독 궁금해질 때가 있다. 뜸하면 혹시 무슨 일은 없는지 경망스러운 마음이 드는 게, 한번은 아내가 아들에게 "며느리가 전화가 없다."고 했었던가 보다. 그런데 "어머니! 며느리는 전화 관습이 저희와는 다르더라고요, 친정 관계도 그렇고요." 듣고 보니 그런가 싶었던 게, 한번은 며느리가 김제 친정 나들이를 하며 자정이 다 되어서야 당도했었던가 보다. 그런데도 미리 전화를 드리지 않았다고 한다. 부모님이 얼마나 당혹스러우셨을지. 반가움에 앞서 화부터 내시더라는 사연을 들은 일이 다 있다.

부모들이 자녀가족에 대한 공통된 바람이자 기대도 첫째는 소통이요 다음은 관심이지 않은가 싶다. 옛 직장동료 부인으로부터 전해 들은 이야긴데, 외아들 결혼시켜놓고 객지에서 직장 생활하는 며느리에게, 하도 궁금하여 "얘야, 그리도 일상이 바쁘냐? 틈 좀 내어 목소리 한 번 들려줄 수는 없느냐?" 하였더니, 며느리로부터 "예, 어머님! 언제라도 전화하셔요. 직장으로 주셔도 좋고요." 하더라 하여 본의를 비켜 간 영악함에 놀라 모두 얼마나 자지러지게들 웃었던지.

그런데 돌아보면 세대 간에 넘을 수 없는 벽을 느낀다. 경험이 다르고 살아온 배경이 다르니 아니다를 수 없는 인생살이를 느낀다. 그런데도 보면 내 주장만을 내세우며 옳으니 그르니 들 한다. 고부 관계만 해도 그렇지 바꾸어 보면 다를 뿐 틀린 일만도 아닌 것을…, 앞서 아들네 사례를 들었지만, 크게 보면 나라 간 분쟁이 그렇고, 국내정치 상황이며, 상하 간 조직이며 사회 전반이 그러하여 바람 잘 날 없는 세상이 되어간다. 학식이 있으나 없으나 높은 자나 낮은 자나 가진 자나 없는 자나 어찌 그리들 내 생각만 옳고 남의 생각은 아닌지, 뉴스 듣기가 불안하여 듣다 말고 전원을 끌 때 있다.

다시 아들 내외로 되돌아가 보는데, 인성이며 됨됨이며 그만하기 쉽지 않음을 느낀다. 전화만 해도 그렇지, 품속에서 자라온 자녀와 인연으로 맺어진 며느리와 어찌 같을 수 있고 소통 횟수가 같기를 바라는가. 오늘도 며느리로부터 들려오는 전화 목소리, "아버님! 저 이번에 전화 바꿨어요. 바뀐 전화번호는 0000번이고요. 중간쯤의 기기에다 실속형으로 바꿨습니다." 전파를 타고 들려오는 낭랑한 음성이 어찌 그리 듣기 좋던지, 부연하자면, 우리 며느리, 상냥한 데다 사려 깊고

알뜰하다. 전화 궁금할 때 있지만, 손주 키우고 가정 살림을 꾸려가는 가운데 자격취득이며, 신앙생활이며, 내실을 다지고 때론 취업 전선에서 보탬이 되고자 바삐도 살아왔다. 알고 보면 격려와 칭찬을 쏟았어도 부족한 일을…, 나만 알고 남은 모르는 우리네 인생살이. 편협하기로는 노소가 따로 없고 경륜 따로 없음을 느낀다. 낮아짐에 행복이 있고, 한 가족 울타리가 되어 살아감만으로도 충만한 기쁨이 있는 것을 말이지. 전혜성 지음 '가치 있게 나이 드는 법'에 보면 이런 글이 나온다. "남의 집에서 온 식구는 절대로 원망하거나 비난하지 말라." 깊이 듣고 곰곰이 새겨들을 일이다.

(2016. 10. 문학의 뜰 제13호)

나에게 행복이 무엇이냐 묻는다면

오늘은 임플란트 시술 마지막 날, 앞니 턱뼈에 인공치근을 심어 넣고 3개월이 지나 본을 뜨고 보철물을 해 올리기까지 100일째 되는 날이다. 이날을 얼마나 학수고대했던지. 일찍 집을 나서 치과에 당도하여보니 줄이 길게 늘어서 있다. 한참을 기다려서야 진료가 시작되었고 번호표 받아 마치기까지는 한 시간쯤이나 걸렸는데, 거울을 보니 앞니가 가지런하니 마음에 쏙 든다. 돌아오는 길에 지인과 마주쳤기 반가움에 활짝 웃었는데, 얼마나 충만감에 젖었던지. 이 얼마 만에 되찾은 웃음이었던가. 그동안 임시 치아는 지니고 다녔지만 웬만한 자리 아니면 사용하지를 않았다. 발음이 불편한 데다 철사 틀로 얽어맨 양쪽 치아에 압박감이 느껴졌기 때문이었다. 오늘을 맞기까지는 웃자니 빠진 이가 드러나고 참자니 어색하여 얼마나 불편했던지, 젖니 갈이 아이 보면 귀여운 맛이나 들지, 성인들은 어찌 흉측하고 혐오스러운지 모른다. 필리핀 여행 때 일인데 마닐라에서 2시간 거리 관광명소 따 알 호수 화산섬에 도착하여 토착 주민들을 보니 치아 빠진 중년들이 왜 그리도 많던지. 그런데도 스스럼이 없다. 달라도 너무 다른 모습들을 보며 망연했던 생각이 난다.

6 · 25전쟁 때 폭격으로 읍내가 불에 타 집이 없던 시절, 폐허 위에 돌담 방을 드려 살았다. 그런데 쥐가 어찌 들끓던지 방이며 부엌이며 남아나는 게 없고 그릇 하나 보관할 데가 없다. 부뚜막까지 쥐똥이 굴렀던 게, 내 찬장을 손수 만들어 보리라. 먼저 제재소에서 송판(松板)을 구매한 다음 곧은 막대를 골라 네 기둥으로 삼고, 가로세로 질러 높이는 110cm쯤이나 되었을까. 어렵사리 완성하였다. 꺼끌꺼끌한 원판(元板) 그대로의 3단짜리 찬장이었는데, 새살림 가구로 자리매김이 되었고 쥐 피해 방지는 물론 부엌세간 제1호가 되었다. 누구보다 만족해하시는 어머님을 보며 어찌 행복했었던지, 중3 때 만든 찬장을 4~5년 넘도록 사용하였는데, 반세기 넘어 세월이 흘렀건만, 지금도 그 찬장 모습이 그리 선연할 수가 없고 흐뭇하니 감회에 젖는다.

드디어 고3 졸업식 날, 나는 졸업장은 받지를 못했다. 등록금 미납이 원인이었는데, 참으로 막막하기 그지없던 시절, 공군에 지원 입대를 하였다. 부여받은 특기는 제트 엔진, 김해공군기술학교에서 교육을 이수하고 부임지는 제11전투비행단 야전 정비대대. 지금의 김포국제공항인데 당시는 공항과 전투비행단이 활주로를 사이에 두고 마주하여 같은 활주로를 이용하던 시절이었다. 제트 엔진은 구조가 복잡하고 정밀하여 여간 노력 아니면 기술습득이 안 된다. 1963년도 봄으로 기억이 된다. 중대장 부름에 다급히 갔더니 우리 전투기(F-86)가 엔진 고장으로 군산비행장에 비상 착륙하였다고 한다. 나는 부랴부랴 관련 장비를 챙기고 상급부서에서는 수송기(C-46)를 대기시켜주고, 황급히 B 중사와 트랩에 올랐는데, 탑승하여 보니 승객이라고는 우리

말고는 없다.

군산비행장에 도착 즉시 작업대에 올랐는데, 문제는 엔진이 전투기 동체(胴體)에 위치하여 앞면 공기 흡입구로 기어들어갈 수밖에는 없다. 운신의 폭도 좁다. 좁디좁은 공간에서 가쁜 숨을 몰아쉬며 더듬대다시피 고장 난 기기를 찾아 교체작업을 하였는데 천신만고 끝에 완료. 이제는 날아갈 일만 남아있다. 곧바로 전투기는 서서히 유도로를 따라 활주로에 가 닿았고 폭음과 함께 힘차게 푸른 영공을 날아올랐다. 얼마나 긴장했던지. 잠시 숨을 돌려 중대장께 보고하였다. "정비 마치고 군산기지를 무사히 이륙하였습니다." "어! 임 하사! 수고했어, 비행기 지금 막 도착했어." "아니 벌써 도착했다니요" 이륙한 지 채 30분도 되지 않은 것 같은데, 얼마나 충만감에 젖었던지. 남들은 인사행정이네 보급이네, 편한 특기라며 자랑들을 해대지만 공군이 무언가, 기술군 아닌가. 월남전 패망의 원인이 여럿 있지만, 그중에 정비기술 부족도 그 하나였다고 한다. 비행기는 3,000대가 넘었지만, 기술부족으로 제대로 날 수 없었다니 첨단 전투기인들 무슨 소용이 되었을까. 돌아보니 열악하기 그지없던 시절이었는데, 감회가 서려온다.

여담이지만 전역 2개월여 만에 날아든 우편물이었는데. '극동항공'* 을 창설하는데 기술진으로 와달라는 통지서였다. 발신인은 군 생활하는 동안 믿고 의지했던 신뢰 깊은 상관이었는데, 전역 후 항공회사 설립 주역으로 활동하시면서 나에게 보내주는 특별한 배려였다. 초봉으

* 극동항공(1967년 가을 대한항공과 합병)

로 월 32,000원, 당시 공무원 월급의 4배 수준으로 파격적인 조건이었는데, 가야 할지 말아야 할지 밤잠을 설쳐가며 고심을 하였다. 그럴만했던 게 군 생활하던 중에 어떻게 노력하여 붙은 충청남도 지방직 공무원 시험인데, 일단은 고향에 머물기로 결단을 내렸다. 바로 국가직에 재응시하여 고향을 떠나오게 되었지만, 행복한 고민이 아니었던가 싶고 잊을 수 없는 추억이 되고 있다.

각고의 인생, 일제 수탈의 시대에 태어났다. 해방의 환희도 잠시요 6 · 25전쟁의 참화를 겪었다. 5~60년대의 빈곤세대를 거쳐왔으며, '잘살아보세' 새마을운동의 노랫가락이 지금도 귓전을 울린다. '초년고생은 사서도 한다.'던데 말이지 이제 돌아보니 절로 굴러들어 온 초년고생 아니었던가 싶다. 요절하신 아버님 탓에 얼굴도 모른 채 오직 홀어머님 밑에서 인고(忍苦)의 역경을 견뎌왔으니 더 말할 것 없는 초년기 인생이 되었다.

이제 다시 한 번 더듬어 보는데, 나는 누구인가? 외롭고 부족한 것뿐, 나약하기 그지없던 인생. 그런데 바로 그게 한 길 비길 데 없는 큰 자산이요 내 삶의 원천이지 않았던가 싶다. 의지할 데라고는 없었으니, 오죽하면 군 생활마저 세상을 내다보는 창구요 기회로 여겼을까. 살아온 세월, 누군가 "나에게 행복이 무엇이냐?" 묻는다면, 첫째는 일상생활에서 보고 느끼는 충만감이요, 다음은 '비교'다. 행복의 조건에도 보면 '비교를 말아라.' 고들 하지만, 나는 늘 비교하며 산다. 나만의 별난 비교법인데, 살아온 세월이 그렇고 나라 위상이 그렇다. 굽이굽이 모진 세월을 잘도 겪어내며 살아왔다. 시대발전 상황에 찬탄을 보내며, 더욱이 청 · 장년기 고뇌하며 동동대며 살았던 일들을 떠올리면, 이제 짐 다 벗어놓고, 부질없는 꿈 내려놓은 지금이야말로 하늘이 내려준 은혜요 큰 축복 아닌가. 아직은 건강이 요만한 데다 나만의 비교법에 젖어 사니 탓할 일 없고 후회 없다. 나는 오늘도 컴퓨터 앞에 앉아 이 글을 쓰며 더 없는 감사와 아울러 충만감에 젖는다. 어디 행복 주머니 따로 있다던가.

(2016. 7. 문학의 뜰 제12호)

흉몽대길

희끄무레한 날씨 속에 어슬렁어슬렁 발길이 닿았던 곳은 도랑이 인접한 강변. 넓디넓은 강폭에 보에서 흘러내리는 물소리가 우렁차다. 잠시간 둘러보다 두려운 마음에 발길을 돌려오는데, 불현듯 엉뚱한 생각이 들었던 게 저 정도 물살이면 그 세기가 몇 마력이나 될까? 오던 길 되돌아 물길 세기를 가늠하였다. 그런데 고개 돌려보니 태산 같은 파도가 밀려 덮쳐오는 것 아닌가. 공포감에 죽을힘을 다해 도랑을 건너뛰었는데, 순간 쿵! 턱이 얼얼하고 뇌에 큰 충격이 밀려온다. 꿈이었는데, 아내가 놀라 뭐여? 당신 뭐여? 허둥지둥 들뜬 소리가 들려오고 미처 잠결에 더듬대며 주변 상황 확인하느라 바쁘다. 참담한 모습에다 신음까지 흘렸으니 얼마나 놀랐을까. 자다 말고 이런 야단법석이 따로 없었다. 침대에서 얼마나 사력을 다해 뛰어올랐기로 방바닥에 엎어진 자세로 굴러떨어졌던지, 뇌진탕이라는 게 바로 이런 게로구나. 허탈감을 추스르며 잠자리에 들었지만 허희탄식(歔欷歎息)하느라 잠이 오질 않는다. 날이 밝아 거울을 보니 턱밑으로 탁구공 크기만 한 시퍼런 멍 자국에 머릿골이 띵하다. 다행히 머릿골은 이틀 만에 진정 되었지만, 치아 충격이며 턱의 멍이 삭아 없어지기까지는 20여 일이나 걸렸는데, 흉한 몰골이 되어 나들이 때마다 얼마나 상심했던지.

2년 전 꿈에도 불량배와 맞부닥뜨려 대안이라고는 없는 상황에서 죽기 살기로 발길질을 한다는 게 벽을 걷어차, 고통이 어찌 심했던지. 왼쪽 검지 발톱이 빠져나가 재생하는 데 4~5개월이나 걸린 적 있다. 진찰 결과 뼈에는 이상이 없다기에 다행으로 넘겼는데, 아무래도 격년 간격을 두고 벌어진 일이 예사롭지가 않다.

병은 자랑을 하랬던가. 한번은 모임에서 겪은 사례들을 화제 겸해 올렸더니 침대 아래 이불을 깔고 자라느니, 전문가 도움을 받으라느니, 정신과 진료를 받아보라는 조언까지 나왔는데, 심기증만 키워왔다. 돌아와 인터넷 검색이며, 서점에 들러 꿈 관련 책을 10여 권이나 들추어 보았지만, 이렇다 할 의문점을 찾아내지를 못했다. 그중 한 권은 구매하여 통독하였지만 마찬가지였다. 그러던 중 관련 기사를 접하게 되었다. 캐나다 맥길대 연구진 조사 결과였는데, 뇌의학 다이제스트(조선일보 2015.9.1) 제하의 "수면 중 발차기 · 소리 지르기. 내 뇌에 무슨 일이?" 기사로 "가을철 잠꼬대 많으면 뇌질환 의심에, 잠꼬대가 심하거나 자면서 이상한 행동을 하면 치매나 파킨슨병을 의심해 봐야 한다고 한다. 특히 밤 기온이 떨어지는 가을철 잠꼬대가 늘었다면 그 가능성이 더 크다."라고 되어있다. 우리나라 한진규 신경과 전문의도 "이런 렘(REM)수면 장애는 나이가 들수록, 오래될수록 퇴행성 질환으로 발전할 위험이 커진다."며 수면다원검사로 렘수면 장애가 있는지 조기 진단 · 치료를 하는 게 좋다고 한다. 연구 결과를 보며 은근히 마음이 거슬렸던 건 파킨슨병인데 이 병으로 오랫동안 고통 중이거나 이미 이승을 떠난 동료를 보아왔기 때문이다.

의문점인데, 근래 들어 부쩍 잦아진 꿈의 원인이 무엇인지? '야간 빈뇨'에 그 상관성이 있는 것 아닌지 생각이 미쳤다. 중년기까지는 수면 중 한 번이면 충분했던 소변을 근년 들어서는 서너 번씩이나 본다. 방광이 찰 때쯤이면 비몽사몽간이 되어 일어나자니 귀찮고 참자니 어중간하여 뭉그적거리다 보면 으레 나타나는 게 '꿈'이다. 그중 대부분은 흔히 말하는 '개꿈'이지만 때론 위급한 상황이 되어 실제처럼 행동한다. 나이 들면 왜 소변 횟수가 잦아지는 지, 그 원인은 무엇인지 궁금하여 자료를 검색하여 보니 의문이 밝혀진다. '야간빈뇨증'이란? 밤에 소변을 보는 횟수와 소변량이 현저하게 증가하여 밤에 2~3회를 초과하거나 밤의 소변량과 낮의 소변량이 비슷할 때라고 되어 있다. 60대 이상 남성 10명 중 8명이 시달린다고 한다. 밤이 되면 사람 몸에서는 소변량을 줄이는 항이뇨호르몬이 나오는 데, 나이가 들면 항이뇨호르몬의 분비량이 적어져 밤에 소변이 많이 만들어진다고 한다. 검사결과 호르몬이 문제라면 약을 통해 치료가 가능하며, 만약 전립선이나 방광에 문제가 있다면 그 원인을 찾아 치료를 받아야 하고 예방을 위해 잠자기 전에 물을 마시지 않는 것이 좋다고 한다.

나는 퇴직 이후 일상화된 식습관인데, 하루 두 끼만으로 해결한다. 대신 물은 자주 마셔 왔는데, 요즈음에는 오후 4시 이전으로 제한을 하고 있다. 그 탓인지 수면 중 소변 횟수도 줄고 숙면에도 큰 도움이 되고 있다. 결국, 원인은 빈뇨에다 잦은 꿈이 더해져 발생한 결과 아니던가. 의학수준이 고도로 발달한 시대, 병 · 의원을 찾고 싶은 마음 없지는 않았지만, 위급 상황이 아닌데다 평소 병원 나들이만은 최소화하고 최후 수단으로 이용을 하고 있다. 자연치유 사례도 경험하거니와 부작용도 만만찮니 겪어왔기 때문이다.

노년기 인생, 하루가 다르게 들려오는 생로병사 현상을 보고 듣고 경험하며 언제까지 평상을 유지하며 살아갈 수 있을지. 물음표를 던질 때 있다. 어지간히 노후화된 육신, 고장 달고 살 나이 되었지 않은가. '병과 친해져라. 병과 친해지면 더 해코지는 않는다.' 풍자로 알고는 있지만, 어느 글 내용을 인용해 보면서, 이제 남은 여생, 건강관리에 각고의 노력을 기울여 후회없는 노후가 되도록 마음을 다져 먹는다. 어찌보니, 내 기본 일상에다 나태에 젖을까 더해준 과제요 뜻깊은 선물이 아닌가. 바로 흉몽대길(凶夢大吉)!

언젠가 선배 한 분이 건강이 여의치 않아 병원 나들이 자주 하면서도 피력한 소신이었는데, "나는 치매만은 안 걸리고 살 것 같다." 말이 씨가 되듯, 의미심장하여 가슴속 깊이 담아보며, 아울러 맥길대 연구진 조사 결과에 큰 뜻을 보낸다. 아는 만큼 누리고 아는 만큼 건강하다. 지성이면 감천이라 하였으니…,

(2016. 4. 문학의 뜰 제11호)

잉꼬부부

오늘도 저녁 시간 여느 때와 다름없이 걷기 운동하러 아파트 계단을 내려서니 마침 앞을 지나던 연로하신 할머니, 우리 내외 힐끗 보시더니, 에그 잉꼬부부! 혼잣말처럼 되뇌며 가신다. 한두 번 들어온 게 아니어서 그러려니 가벼이 미소로 답하고는 하지만, 아파트 벗어나 골목길을 들어서니 또 다른 지인이 "잉꼬부부님, 운동 나가시나 보네요." 환한 웃음을 띠며 반갑게 인사를 건넨다. 조석으로 하는 걷기 운동, 30여 년 되었다. 현직 시절엔 인근 여고를 찾아 배드민턴을 겸하여 다져왔던 걷기를 퇴직 이후로는 인후공원, 아중천변 등 코스가 다양화되었고 그만큼 오가는 길 면식도 넓어졌다. 한번은 기린 초등학교엘 갔는데, 웬 부인이 싱글벙글 다가오더니 어쩜 그리 내외분이 꼭 같이 다니시느냐며, 보기 좋다며, 언젠가 꼭 말씀드리려 했는데, "참으로 행복해 보이십니다." 하고 치하를 보낸다. 처음 본 여인이었는데, 평소에 다니는 걸 관심 있게 관찰했었던가 보다. 간혹 혼자 운동할라치면, 오늘은 어찌 혼자 오셨느냐며, 인사 받는 일, 일상이다시피 되었고. 낯선 이로부터 목례 받는 일조차도 있으니 어지간히 소문을 타고 사는 부부가 되었다. 걷기운동 마치면 마감으로 하는 공군체조, 구령 없이도 동작이 잘 맞아떨어지는 게 지켜보다 따라 하는 이도 있는데, 며칠 전엔 천변에서 체조하노라니 건너편에서 휠체어 타고 가던 장애인이 한참을 지켜보더니만 "보기 참 좋습니다." 만면에 웃음과 함께 손을 높이 흔들어 보이며 간다. 그러니 보는 이마다 잉꼬부부로 아니 보일 수 없고 자연 애칭이다시피 되었다.

그런데 '잉꼬부부'라…, 사전을 보니 다정하고 금실이 좋은 부부로 되어있다. 어찌 보니 팔자에 없는 소문을 타고 사는 셈이다. 이제 고백인데 어느 한 가지 맞는 게 있어야 말이지. 살아오며 다툼은 얼마나 많고 냉전의 기류는 얼마나 잦았던지 종교관이 그렇고 타고난 성격이 그렇다. 아내는 천주교인으로 열혈신도다. 일상 최우선순위는 미사 참례인데 어쩌다 새벽 미사에 한 번이라도 빠지면 교구청 미사시각에라도 맞춰드리고 와야만 직성이 풀린다. 관련 행사는 어찌 그리 많은지. 그런데도 집안 살림은 그리 느긋하고 정리정돈은 그리도 무심한지. 나는 뒤치다꺼리하기 바쁘다. 기대와 설렘으로 이루어진 결혼이었건만 채 한 달도되기도 전에 불편한 심기가 분출되고야 말았다. 퇴근하여 벗어놓은 정장이 자고 일어나 보니 방한 켠에 짓뭉개져 있었던 것이다. 좀 취해 들어왔기로서니 벗었으면 받아 걸어놓을 일이지 그러잖아도 밥 짓기며 하는 일마다 서툴고 어설프던 게 잘못 맺은 인연이 아닌가. 신혼의 기대와 꿈은 허무하게 무너져 내렸다. 출근하여 하루를 보냈지만 일이 잡히질 않는다. 퇴근길은 작심하고 여관에 들어서 보냈는데, 잠이 올 리 없었지. 생벼락에 아내는 무슨 생각에 사로잡혀있었을지 헤아려보며 고심했던 기억이 난다. 그 후로도 기대는 하였지만, 오매불망 편심(偏心)일 뿐 한번 타고난 습성은 그대로여서 그러잖아도 깔끔한 내 성격에 부닥치는 일이 많았다. 여행이라도 할라치면 해찰궂기며, 화장실 이용은 지장이 없도록 미리미리 관심 두면 좋으련만 마지막 이동 순간에야 들른다. 일행은 떠나고 아내는 뒤처지고 공항이나 외국여행 땐 마음 졸이는 일 많다.

지난해 가을, 포르투갈여행 때 일이었는데, 가톨릭의 중심지 파티마에 도착하여 호텔에 들었다. 방 배정받기 바쁘게 짐을 부려놓고 밤이 더 깊기 전 성모 발현지로 유명한 바실리카성당 순례를 위해서들 나섰다. 가는 도중 관련 전시장이 있어 겸하여 들러보게 되었는데, 보조 맞추면 좋으련만 아내 혼자 관찰하느라 유별나게도 빠져든다. 일행은 바실리카성당을 향해 이미 모두 떠나고 아내는 뒤따라오지를 않고, 나는 일행 따라가며 자주 뒤를 돌아보았지만 끝내 오지를 않는다. 어둠은 깊어가고 아내 챙기려 되돌아가자니 어중간한 상황이고, 순례를 마치고 돌아왔는데도 보이질 않았다. 억장 무너지는 가슴을 달래보며 동료 도움으로 온 길 되돌아가 어둠 속에서 한참이나 헤매고서야 찾았는데 아내도 혼자 어지간히 애가 탔던 모양이었다. 사실은 그때도 아내를 재촉하여 같이 가야했을 것을, 어디 한두 번이어야지. 깨달음이 있으리라. 은근슬쩍 별렀던 게 화근이 되었다. 본인이야 타고난 느긋함이었지만 주변에 주는 근심덩이가 아닌가.

부도(婦道) 관련한 말에 부창부수(夫唱婦隨)니 칠거지악이니 담론 나누던 생각이 난다. 부창부수는 남편이 앞장서 부르면 아내가 따르는 것이 부부의 도리라는 말로 부부의 화합을 가리키는 말로 쓰이고. 칠거지악(七去之惡)은 옛날 유교 사회에서 여자가 가져서는 아니 되는 일곱 가지 나쁜 행동인데, 유래는 2,500여 년 전 공자가 부인의 도를 말한 본명해편(本命解篇)에 들어있다. 남성중심사회에 바탕을 둔 봉건적인 도덕관이 되어 시대 상황에 유리(遊離)된 면 있지만, 아내와 함께해온 세월 어느덧 46년. 아내는 모질지를 못하다. 계율 중 시부모 관련 내용만 해도 시어머님을 모셔본 일이 없어 장담할 일은 아니지만, 살아생전 하시던 말씀이었는데. "우리 둘째 며느리, 하는 일사는 더뎌도 마음씨 하나는 곱지!"

황혼기 인생. 지난 세월 되돌아보는데, 어디 내 맘과 뜻 같은 인생 있으랴. 동전의 양면처럼이나 내재한 속성대로 살면 되는 것을, 어찌 못하는 것만 그리 눈에 밟혀 왔던지. 짠하여 통회의 마음에 젖는다. 느림의 미학도 숭앙받는 세상 되었지 않은가. 이해하고 보면 탓할 일도 아닌 것을. 순미(醇味)한 데다 남편에게 반기(反旗)라고는 좀체 기억이 없으니 문자 그대로 부창부수요 천생연분 아니던가 싶다.

여담인데 아내 이름은 '순연'이다. 순할 순(順)에 연꽃 연(蓮)인데 연꽃만큼이나 해맑은 성격을 타고났다. 성미는 좀 순한가. 바로 이순연! 처조부께서 지어주셨다고 한다. 성격이 이름을 따랐는지 이름이 성격을 좇았는지는 모르되 음이 양이 되고 양이 음이 되는 인생사. 다시 한 번 되돌아보며, 이제 밝히지만, 청소며 정돈이며 장보기며 상황 따라 설거지까지 동반자적 관계 되었는데, 가정은 물론 노후 일상 전반이 평온하다. 인생조로(人生朝露)요, 고장난명(孤掌難鳴)이라. 인생은 아침 이슬과 같이 덧없고, 맞서는 사람이 없으면 싸움이 되지 않는다. 옛 고사를 되뇌어 보면서. 오늘도 걷기운동 차 학교운동장을 걸으며, 도란도란 이야기를 나누어보는데, 그때마다 나는 신문이며 인터넷이며 독서를 통하여 얻은 지식이나 상식을, 아내는 믿음을 통하여 얻은 영성이며 견문이며 요즘에는 박경리 작 소설 '토지' 내용을 풀어내는 게 여간 흥미롭고 큰 즐거움이 아니다. 장장 16권을 아내가 먼저 독파하고 전해주는 장면 장면에 경의를 보낸다.

대화로 시작하여 대화로 끝이 나는 걷기운동. 누구던가? '저 부부간은 뭔 할 말이 그리도 많은지 언제 보아도 부부애가 느껴지더라.'며 전해 들은 일이 다 있다. 팔푼이면 어떻고 푼수기로서니 좀 어쩌랴. 그래 하는 말인데, 맞아요. 우리 부부는 잉꼬부부.

(2016. 1. 문학의 뜰 제10호)

기 싸움

오가다 보면 만나는 K 씨!

알은체할까? 그냥 지나치자니 좁은 속이 드러나고 목례라도 보내자니 뒷맛이 개운치가 않다. 그도 그럴게, 보내는 인사는 받지만 먼저 인사하는 법이라고는 좀체 없는 위인이기 때문이다. 그나마 답례라는 게 눈빛 스치는 정도로 치레하여 받은 건지 아닌지, 헷갈릴 때가 있는데, 이해하기 어려운 건 우쭐댈만한 평판이 있는 것도 아니고 변변한 직장 경륜이 있어서도 아니다. 나이 관계는 더욱 아니다. 자식 같은 사람도 있는데 조석으로 대면하는 사이. 마주보면 그냥 지나칠 수는 없는 일이지 않은가. 먼저 보는 사람이 하는 게 도리요 예(禮)이거늘, 어찌 인사를 먼저 하는 사람 따로 있고 받는 사람 따로 있는가.

길 가다 보면 방향이 달라 그냥 지나쳐도 될 상황이건만 손 흔들어 정겹게 인사 나누는 경우 있고, 무심코 지나다 알은체하는 이 만나 얼떨결에 반가움 나누느라 정에 흠뻑 빠져들 때도 있는데, 정감이란 무엇인지? 달라도 이렇게 다를 수 있을까. 천차만별한 인간상을 느껴보면서 내 나름의 구분인데 지인을 '금친(金親)', '은친(銀親)', '동친(銅親)'으로 가름을 하였다. '금친'은 언제 보아도 스스럼없는 사이, '은친'은 먼저 보는 쪽이 인사 청해오는 관계, '동친'은 알은체하자니 무뚝뚝하고 그냥 지나치자니 마음에 걸려 이도 저도 어려운 사람으로 정의(定義)해 놓았다.

잊을 수 없던 일로는, 같은 아파트에 살며 안면이 있는 데다 출퇴근 시간이면 자주 만나기로 그냥 지나칠 수 없어 목례를 보내는데, 받는 둥 마는 둥 한다. 처음이어서 그런가 하고 기대를 했지만 언제나 같았다. 유별나다 싶어 내 눈을 다 의심하였는데, 근무 부처만 달랐지 다 같은 대민봉사기관 공직자 신분 아닌가. 도량이 저로 고서야 어찌 소임을 제대로 할 수 있을지, 처음엔 대단한 직위로 알았다. 알고 보니 수하 직이었다. 그 뒤로도 예의(禮意)를 다했지만, 마찬가지여서 포기하고 말았는데, 퇴직 이후로도 인근에 살고 같은 노후를 보내며 가끔 만나지만, 남남 보듯 완전히 돌아서 버렸다. 돌아보니 흥미가 간다. 나름의 분석인데, 내향적이거나 대인기피증일 수 있고, 감성이 무디거나 유아독존, 그도 아니면 직장 상하 간에 잘못 길든 종속 관계가 은연중에 드러난 이상심리는 아닐지. 비약이지만 "너만 잘났나? 나도 잘났다." 그리 보니 '기 싸움' 같다. 현직 시절 일선에 업무지도를 나가도 자리에서 일어나 손님맞이 법이라고는 없던 시샘 많던 동료며, 직급 하나 차이에도 위세 부리며 도도히 구는 경우를 경험했기 때문이다.

'기 싸움' 이야기가 나와서 말이지만 신문('15.8.6. 조선일보)을 보니 "아이 출입 불가"식당 · 카페 늘고 있다는 기사가 눈길을 끌었다. 어린이를 동반한 손님을 받지 않는 일명 '어린이 출입금지구역(No Kids Zone)'인데 원인이야 많겠지만, 그중에도 아이가 남에게 피해를 주든 말든 신경 쓰지 않은 부모가 적지 않은 상황이어서, 불가피하다고 한다. 나무라면 왜 우리 아이 기죽이느냐며, 자기 아이 편만 드는 세상. 교육현장마저 학부모 탓에 멍들어간 지 오래다.

하긴 세상살이 '기 싸움판' 같다. 국제관계도 인생살이도 마찬가지라는 생각이 드는 게, 우리나라 남북 분단의 아픔과 비극도 거슬러 올라가면 이차세계대전 종전 전후하여 얄타회담 등 한반도 신탁통치안을 발표하면서 강대국 간 '기 싸움' 결과물이 아닌가. 지금 그리스 정부는 복지 남발로 EU 국가에 막대한 빚을 지고 국가존립 상의 위기를 안고 있다. 이런 중에 그리스와 유로 존 채권국 간에는 여러 차례 쟁점을 벌였고, 그중에도 그리스는 부채를 30%를 탕감해 달라느니 채권국은 경제개혁이 우선이라느니 '기 싸움'을 벌여왔다. 결국, 이해와 양보인데 상황 다르고 주장이 달라 사사건건 어느 일방으로 턱없이 기울어지니 문제다. 접근법이란 것도 어지간해야 말이지, 한 · 일 관계와 우리의 남북 관계가 얽히고설킨 것도 알고 보면 한 치의 양보 없는 '기 싸움' 결과 아닌가. 여담이지만 근래 들어 북한은 '남북 관계가 경색돼 지하자원을 헐값으로 중국에 넘길 수밖에 없어 비통하다'는 말 때도 없이 한다고 한다.

사는 법도 마찬가지, 1인 가족이 늘어나고 닫힌 사회가 되어간다. 한번 타고난 성격은 변화되지 않는다고도 하던데, 자신을 되돌아보고 지나온 세월을 되짚어보면서, 고사 중에 인향만리(人香萬里)를 되뇌어 보는데, “꽃의 향기는 백 리를 가고, 술의 향기는 천 리를 가지만 사람의 향기는 만 리를 가고도 남는다.” 범접하기 어려운 말인데도 인용해 보는 것은 산다는 건 무엇인가. 궁극적인 목적은 행복 아닌가. 사람이 사람을 멀리해서야 어찌 인생이라 할 수 있고 예의조차 계산이 깔렸대서야 제대로 된 삶이라 할 수 있을까?

우리나라는 외국인관광객이 1,400만 명을 넘어 관광대국의 길목에 들어섰다. 그런데도 친절도 지수는 OECD 34개 국가 중 21위에 머물렀다고 한다. 내 탓인 줄은 모르는 국민, 어찌 친절을 이야기하고 관광의 꿈을 제대로 키울 수 있을지. 마침 한국방문위원회 소속 미소(微笑) 국가대표 ‘미소하리 팀’은 이러한 문제점을 인식하고 미소 국가대표가 내세우는 ‘우리가 먼저 안녕하세요?’라는 구호를 실천으로 옮긴다고 한다. 여간 반가운 일이 아니다.

애증의 세월, 지금까지 살아오며 즐거웠거나 기뻤던 일은 무엇이고, 슬펐거나 어려웠던 일은 무엇인지. 다시 돌아보지만, 인간관계에서 연유됨이 아니었던가. 부부며 가족이며 이웃이며 직장에 이르기까지 어느 하나 사람 곁을 떠나 살 수 없고 그 관계에서 벗어날 수도 없다. 나 홀로 살 수 없는 인생사. 아무리 타고난 성격이래도 그렇지. 남은 건 외로움과 고독(苦毒)일 터이다. 그 한 치 앞을 내다보지 못하고는 말년에야 외롭고 쓸쓸하여 뒤늦게 친구 찾아 나서지만 아무도 응대하거나 거들떠보려 들지를 않는다. 오죽하면 죽음 앞에서조차 찾는

이 없고, 생사조차 관심들 없어 이런 설움 어디 있고, 이런 비애 어디 또 있는가.

고사성어에도 마중지봉(麻中之蓬), 선한 사람과 사귀면 그 영향을 받아 착해지고, 근묵자흑(近墨者黑), 나쁜 사람을 가까이하면 그 행실에 물들기 쉽다. 빗나간 비유가 되었지만, 어차피 자기 인생 자기가 사는 것. 유유상종일진대, 그리 보니 친소(親疏) 따라 적당히 거리를 두고 관계를 유지함도 배려요 지혜가 아닐까 싶다. 오늘도 무더위에 계단청소며, 주변 환경 정리하느라 구슬땀을 흘리는 환경미화원! 성실하고 근면하여 고마움에 늘 마음속으로 경의를 보내며, 마침 나들잇길에 만나 인사를 건네 보는데 힐끗할 뿐, 달리 반응이라고는 없다. 겪어 알고는 있지만 그래도 그렇지 밀려드는 속내를 추스르느라 상념에 잠겨보며, 어찌 보면 무심한 듯 지나쳐줌이 예의였던 것을, 이처럼 대인관계를 도외시하거나 인사절벽 경우를 보면서, “동친도 동친 나름, 기 싸움도 기 싸움 나름”. 살아온 배경이 궁금하다. 무슨 곡절인가 있겠지. 질곡 많은 인생사를 느껴 보며, 프랑스 철학자 ‘질 들뢰즈’가 했다는 말인데, “차이는 관용이 아니다. 차이 자체를 긍정하는 것이다. 나아가 내가 변하는 것이다. 내가 다른 사람과 만나 새로운 존재로 거듭나는 것이다.” 그렇구나. 사는 것 어디 내 마음만 같던가. 물 흐르듯 사노라면 만사여의한 것을 말이지.

(2015. 10. 문학의 뜰 제9호)

아들에게!

마침내 기다리고 기다리던 발표 날,

잠에서 깨어나자마자 꿈자리부터 살폈다. 간밤은 행인지 불행인지 꿈이랄 것도 없어 기억에 남는 게 없고, 그제는 여간해 보이지 않으시던 어머님이 홀연히 나타나셨다. 건강하신 모습에 동자승 같은 유아를 업고 나오셨는데, 기이하리만치 아이가 영특하다. 갓난아기로만 알았는데, 말뜻 알아채는 게 예사로운 일이 아니었다. 나의 품에 안겨주시고는 어디론지 떠나셨다.

마음을 가다듬으며, 하루해를 기다리는 도리밖에는 없다. 경험으로 보아 결과가 나오기까지는 해거름께나 되어야만 하리라. 앞으로도 열 시간, 아홉 시간, 여덟 시간, 어찌 시간흐름은 그리도 더디던지. 훌쩍 넘어 오후 시간대로 내달려갈 수는 없을까. 오후 네 시경, 학교운동장을 걸었다. 도란도란 이야기 나누며 초조함을 덜어보고자 함이었는데, 일각이 여삼추 같다. 마음을 진정시켜가며 집에 당도한 시각은 18시, 대문을 들어서니 전화벨이 울린다. 아들이었다. 울음 반, 희열 반 전파인데, “아버지! 합격했네요. 합격했습니다.” 순간 나도 모르게 눈물이 핑그르르 하니 돌았다. “잘했구나. 정말 잘 되었구나. 축~하~한다.” 치밀어오르는 감격에 더 말을 달리할 수도 없었다. 두 딸네와도 전화통이 불이 났고 밤이 깊도록 그 열기는 계속 이어져 갔다.

아들은 올해 나이 마흔, 전역한 지 2년 6개월 되어간다. 예비역 소령인데, 국방부에서 시행하는 군무원 시험에 매달려왔다. 소령 출신끼리 경합하는 시험이었는데, 직급이 사무관이니 욕기부릴만하다. 두 번 낙방에 이어 세 번째 도전이었는데, 문제는 배점 기준이었다. 아들은 장교경력이 짧다. 11년에 불과하여 20년 전후 만기 전역자와는 비교가 안 된다. 지난가을에도 시험점수로는 합격이었는데, 현역복무실적 등 평가에서 밀려났다. 그나마도 지난해까지는 시험점수와 현역복무실적 평가 배점 기준이 50:50이었던 것이 올해는 40:60으로 더 어렵게 되었고, 고득점이 아니고서는 도저히 승산 없는 시험이 되었다. 올해는 거처를 아예 서울 소재 고시원으로 옮겼고 대비에 사력을 다하여왔는데, 드디어 결전의 날. 가족들까지 얼마나 숨죽여 지켜보아야만 했던지.

시험은 잘 치렀던 것 같다. 문제는 변별력 없는 출제였는데, 너무 쉬워 우열을 가리기 어렵다고 했다. 발표까지는 꼬박 한 달, 기다리느라 얼마나 노심초사했던지. 결과는 합격이었는데, 기찼던 건 학과시험은 99점으로 최상위권인데, 총 평점 결과는 하위 선으로 밀려 어렵사리 합격이 되었다. 결국, 장기근속자들만을 위한 시험제도가 아닌가. 그

결과를 놓고 갑론을박이 많았다고도 하던데, 복무연한이 짧은 응시생은 더는 아예 공부를 포기하겠다며, 인터넷에 자포자기의 글들이 많이 올라와 있더라고 했다. 아들도 점수가 그만했기 망정이지 까닥 실수라도 했으면 어찌 되었을지, 참담한 생각이 든다.

합격의 기쁨을 누리기까지 아들과 매 주말이면 전화로 공부 기법이며 도움말 많이 주고받았는데, 동병상련이리라. 나 역시 현직 시절 총무처 시행 승진시험 보느라 뼈아픈 낙방을 경험했기 때문이었다. 두 번이나 실패하고서야 뜻을 이루었는데, 아들에게도 늦깎이 공부며 당위성까지, 어쩜 아버지를 그리도 닮았느냐며, 너도 이번만은 꼭 합격하리라. 격려하였던 게 조금 전 일만 같고 꿈결 같은 생각이 든다.

그간의 노고를 위로하고자 원주 아들네 집에 가족들이 모여 그토록 기다리고 고대했던 축하자리, 그때 전달해준 각별한 뜻의 휘호가 있었는데, 다름 아닌 '고진감래(苦盡甘來)'였다. 합격자 발표를 앞두고 초조감에 내 생일맞이 행사도 생략한 채 암담한 기분으로 남원 광한루 나들이를 하였는데, 때마침 경내 '완월정'에서 한국충효가훈선양회 주최 무료가훈 써주기 행사를 하는 중이었다. 그때 예문 중에서 아내와 함께 고르고 골라 내려받은 휘호가 '고진감래'였다. 시험 합격을 뼛속 깊이 간망하면서, 합격하면 바로 달려가 전수해 주고 오리라 벼르고 벼르던 중이었는데, 실제 장면이 되고 보니 분위기에 그리도 딱 어울리던지, 가족들의 환호와 함께 열렬한 박수갈채를 받았다.

그런데 아들 재취업 과정을 통하여 가슴 아픈 충격 있다. 바로 청장년 일자리인데, 아들은 다행히 재취업의 기회를 잡았지만, 그동안 무직 가장으로서 겪은 고통과 스트레스를 생각하면 얼마나 가슴 아프고 쓰라렸던지. 현재 우리나라 실업률은 3.9%라고 한다. 그러나 이는 통계일 뿐 실제로는 경제활동인구의 20% 가까운 사람들이 실업상태라고도 하던데, 여기에는 취업준비, 진학준비, 입대대기, 취업 포기, 기타 등이 빠져있기 때문이다. 여기 더해 불완전한 고용자를 더하면 실업자는 경제인구의 20%에 이른다는 게 아마도 허수는 아닌 것 같다. 어느 부모나 자식에게 기대하는 공통의 큰바람은 일자리가 되리라. 사교육이며, 고학력 흐름이며 자격조건 쌓는 일도 결국은 좋은 일자리를 얻기 위한 과정이자 수단 아니던가. 이런 갈급한 사정을 호재로 역대 정권은 선거 때마다 좋은 일자리 창출과 저임금해소를 절체절명의 과제인양 민심 얻기와 표심의 도구로 내걸어왔다. 결과는 구호일 뿐, 개선의 효과는 보이지 않는다. 지난 4월, 9급 공무원 채용시험에 19만 명이 지원하여 51:1의 경쟁률은 그 반증이 아니고 무엇인가.

이제 다시 돌아보는데, 자식이란 무엇이며, 부모로서 자식에 대한 의무를 마치는 시점은 언제까지일지? 우스갯소리지만, '자식 환갑잔치를 해주고 나서'라는 말이 있다. 13년 전, 아들을 마지막으로 자녀들을 여의고는 홀가분하여 그땐 부모로서 할 일은 다 마친 줄로만 알았다. 그로부터 지나온 유유자적한 세월, 그런데 아들이 돌연 전역을 하고 나온 것이다. 제 나름의 계획이었지만, 그 뜻을 이루기까지는 무려 2년 6개월여 세월, 쉬운 일 어디 있던가. 지켜만 볼 뿐 달리 도움이 될 수 없었던 부모, 돌덩이가 되어 가슴에 짓눌려 왔다. 인고의 세월! 그래서 해학에도, 부모로서 자식에 대한 의무 마치는 시점을, '환갑잔치 해주기까지' 라고 했던가 보다.

우리 내외는 아들네 집 방문 때 아들 가족으로부터 정장 차림에 큰 절을 받았다. 그동안 부모님께 끼쳐드렸던 마음고생을 큰 절로서 예를 표하고 큰 짐을 풀어 받은 셈이다. 눈시울이 뜨거웠는데, 다시 한 번 축하의 말을 전하면서 당부한 말이 있다. 겸손해라, 부드러운 인간관계를 가져라. 맡은 일에 최선을 다하여라.

아들아!

마지막으로 경험 한 가지 더하는데, 지나고 보니 낙방의 고배처럼 소중한 것 없더라. 맡은 직위가 그리 값지고 소중할 수 없고, 맡은 직무가 그리 값지고 소중할 수가 없더라. 이 세상에서 나만큼 소중한 존재 없고, 이 세상에서 내 맡은 일만큼 소중한 일이 없더라. 초심은 끝까지! 밝은 내일을 축원하마. -아버지-

(2015. 7. 문학의 뜰 제8호)

잘 죽는 게 소원이라는데

얼마 전 연말을 보내며 송년 겸하여 지인들과 셋이 점심 자리가 이루어졌다. 군 단위 직장 장 시절 맺어진 인연인데, 어느덧 80줄 나이 되어간다. 살아온 세월만큼이나 얼굴에 그늘이 묻어나 있었다. 자연 화두는 건강이었는데, 만나자마자 시작한 건강 이야기가 죽음 문제로 이어지더니만 식사를 마치고도 두 시간이 넘도록 한다는 게 '죽음' 이야기뿐이었다. 이해가 되는 건 C 씨! 척추 수술한 지 이십여 년 되었는데, 걸음걸이 불편하고 지체 가누기 힘들어 지팡이에 의지해 산다. 잦은 병원 신세에 통증이 심할 때면 이래 살아도 되나 회의가 들고 더 살아 무엇 하나 싶어 불면에 빠진다고도 한다. K 씨도 몇 달간 두통에 시달려 왔는데, 병원 전전 끝에 대학병원에서 심장질환으로 판명되어 스텐트 시술을 받았다. 나는 다행히 그 수준은 아니지만 사소한 고장에 불편 느낄 때 잦고 신경이 자주 쓰여 나이 들면 누구나 거쳐 가야 하는 과정이지 않은가 씁쓰레한 마음 든다.

자연 화제는 병상 체험을 비롯하여 존엄사, 안락사 문제에 관심이 쏠렸고 '유언장'이며, '사전의료지시서' '사전장례의향서'까지 이어져갔다. 그중에도 큰 관심은 어떻게 하면 고통 기간을 최소화하고 가족의 수고를 덜어주며 품위 있는 죽음을 맞이할 것인가에 맞춰졌다. 어찌 보면 돌연사야말로 가장 행복한 죽음이 아닐까. 그런데 생명처럼 끈질긴 것도 없어 끊어질 듯 끊어질듯하다 연명하는 생명은 얼마나 많은지. 문제는 고통인데, 죽음보다 무서운 게 고통이라고들 한다. 안락하게 죽을 권리 있지 않은가. 그런데도 우리나라는 안락사 제도가 없어 갑론을박이 많았다. 삶의 질을 고려하면 이보다 더 절실한 것 없지 싶다. 현재 지구 상에 안락사 제도를 시행하는 나라는 네덜란드, 벨기에, 룩셈브르크, 스위스, 에스토니아, 알바니아를 비롯하여 미국의 워싱턴, 오레곤, 몬태나주 캐나다 퀘백주 정도로 알고 있다. 우리나라는 관심과 비교하면 아직 여론 수준이어서 시행될 날 올는지, 오기나 하려는지 회의를 가진다.

바야흐로 100세 시대. 건강하고 능력만 있다면야 이보다 더 큰 축복은 없으리라. 비례하여 사고(四苦)의 기간이 늘어나니 문제다. C 씨의 경우인데, 막다른 지경에 다다르면 구차하게 생명 연장은 않겠다며 수면제를 비축 계획이라고 한다. 요즘 수면제로는 죽지 않는다던데, 하니. 많이 먹어도 아니 죽을까? 하여, 적잖이 의문을 남겼다. 사실은 생로병사, 평생을 통하여 겪고 보아 온 일이 아니던가. 그런데 같은 병고를 보고도 그 느낌이 예 다르고 지금 보는 병고가 다르다. 바로 눈앞의 현실성인데, 엊그제까지도 호형호제하며 친교를 나누던 동료가 갑자기 쓰러지거나 밤사이에 떠나 놀라고 경악에 젖는 일 있다. 갈수록 남의 일 같지가 않다. 흔히들 하는 말에 "죽음 이기는 장사 없다."

하던데, 나는 이점을 염두에 두고 수년 전부터 관련 책을 구독하고, 관련 자료를 수집하며 대비를 해오고 있다. 먼저 착수한 게 시신 기증인데, 전북대 의학전문대학원에 시신기증 서약을 하였다. 아내와 함께하였는데, 의학발전에 기여는 물론 장례절차 간소화 차원에서도 큰 도움이 될 것 같다. '사전의료지시서'도 작성하여 놓았는데, 나이 들어 호흡보조, 영양 보조 장치 주렁주렁 달고 중환자실 드나드는 게 볼썽사납기도 하려니와 생각만으로도 끔찍하여 연장하고 싶지가 않다. 남은 건 '사전장례의향서'인데, 시신기증 절차 마치고 보니 생략되는 과정 많고 간소화 아니 될 수 없어 한 짐 벗은 생각이 든다. 일단 큰 가닥은 잡아놓은 셈이다.

죽음 문제에 골똘하다 보니 돌연 어머님 생각이 떠오른다. 10년 전 93세를 일기로 이승을 떠나셨던 어머님! 살아생전에 입버릇처럼 하신 말씀이었는데, "죽을 땐 자식들 걱정 끼치지 말고 가야 할 터인데, 잠자듯 가야만 할 터인데," 하시며, 죽음 복 타고나신 할머니라며, 세수하다 한순간에 가신 이웃 할머니 사례를 들어가며, 타령하듯이 하셨다. 그런데 말씀처럼 소원대로 가셨다. 모처럼 찾아뵈러 온 친정 조카와 오후 내내 마루에 걸터앉아 말씀 잘 나누시다 보내고는 화장실에 들러 양치질 하시다 가셨는데 바로 심장마비였다. 가족 누구라도 있었더라면 구급절차라도 밟아보았을 것을 그렇게 한 순간에 홀연히 떠나셨다. 하늘이 무너졌고 할 말들 잃었지만, 평소 말씀대로 가셨으니 그 뜻은 이루신 셈이다.

이제 남은 삶! 그 끝은 내일이 될지, 백수(白壽)까지 누리게 될지. 그 가능성을 두고 대비는 하고 사는데, 갈수록 빨라지는 나이. 좌우명처럼 되뇌어보는 게 있다. "일일신 우일신(日日新又日新)" 하루하루를 새롭게, 또 하루하루를 새롭게, 덧붙여 말한다면 늙더라도 반듯하고 곱게 늙고자 함에서 하는 말인데, 다시 되돌아보는 참 인생 느낀다.

살아온 세월이 고맙고 함께해온 아내와 내 가족이 고맙다. 일가 친족이 고맙고 동고동락해온 동료, 우인들 고맙다. 내 나라가 있어서 고맙고 내 나라 위상이 이만 하니 고맙다. 아름다운 사계(四季)가 있어 고맙고 철 따라 오색 풍광에 젖어 사니 고맙다. 사느라 바삐 활동하는 생업전사들을 보면서 결연한 생존 의지에 절로 고개가 수그러지고 더없는 고마움을 느낀다. 오늘도 서산에 걸린 낙조며, 황혼의 아름다움을 감상하면서 잠시지만 황홀경에 젖어 보는데, 세월이 더해주는 아름다움이요 큰 감동 아닌가. 무엇보다 살아있음에 큰 축복을 느낀다. 책 『한국인의 웰다잉 가이드라인』의 첫머리에 보니 이렇게 쓰여 있다. "나는 죽음을 어떻게 맞이할 것인가? 사랑하는 가족과 친구의 죽음을 어떻게 바라보아야 하는가?" 세월여류(歲月如流)요 생자필멸(生者必滅)이라 하였으니, 숙연한 마음이 든다. 깊이 통찰하고 다시 새겨 볼 일이다.

(2015. 3. 문학의 뜰 제7호)

나무냐 숲이냐

지난해 8월, 시내버스 타고 가던 중 두 정거장을 가다 보니 빈자리가 났다. 막 앉으며 여유로운 마음이 되어 차창 밖 경관에 시야를 돌릴 즈음이었는데, 기상천외한 파열음이 들린다. 나를 향해 지른 괴성이었는데, '그 자리 왜 앉아 씨발 놈아, 내 자리여 씨발 놈아!' 나도 모르는 탄력에 어느 사이 일어서 있었다. 건장한 사나이였는데, 민머리에 통통한 몸매, 내 자식 나이쯤이나 된 것 같다.

지난 5월, 아내와 보건소 가느라 시내버스에 올랐는데, 기다란 맨 뒤 좌석만이 비어있다. 아내와 가 앉으니 자리 넉넉하다. 막 출발하여, 한 전봇대 거리쯤이나 가는 중이었는데, 갑자기 창가 쪽에 앉아있던 여인이 나를 향해 아래턱 내밀더니 저만치 떨어져 앉으란다. 아내와 눈길을 주고받으며 비켜나 앉아주었다.

7~8년 전 서울 다녀오는 길, 밤 열차에서 내렸다. 집까지는 도보로 30여 분 거리, 인후 공원 둘레 길을 돌아 다다른 곳은 북일 초등 담벼락 가로수 길, 어느 사이 젊은이가 나타나더니 택시비 좀 보태 달란다.

불길한 맘 없지 않은 터였는데, 놀란 가슴을 진정하고는, '젊은이! 마침 가진 게 없으니 어찌할까.' '미안해요, 젊은이!' 주머니에서 1,000원을 꺼내 보이며. 시내 버스비나 보태지. 갈 길이 먼 가 본데, 오히려 동정을 보내며, '미안해요, 미안해요'를 연발했던 게 다행히도 통했다. '조심해 가요 젊은이!' 하며 발길을 돌려오는데, 혹여 낚아채지나 않을까 식은땀이 다 났다. 같은 사례로 지갑 털리고도 구타까지 당하여 병상 생활까지 하고 나온 주변 이야기를 들어왔기 때문이었다.

얼마 전, 시내 아중리 노동청 앞에서도 심야에 택시에서 내린 젊은이가 내리자마자 마침 그곳을 지나던 행인을 마구 때려 중태에 빠뜨린 일이 있었다. 범인 찾기 현수막을 곳곳에 붙여놓고 목격자를 찾았지만 여태까지도 오리무중인 채로 알고 있다. 파리바게트 빵집 주인이었다는데, 이런 억울하고 분한 일이 어디 또 있을까.

일상의 신변잡기로 돌아가 보는데, 달리는 버스에서 휴대폰 통화하는 이 많다. 오는 신호 안 받을 수 없고, 상황 맞춰 아니 걸 수도 없으리라. 문제는 예절인데, 통화음이 거침이 없어 거의 중계방송 듣는 것 같다. 만원 버스에서 빈자리 나면 체면 불고 헤집고 들어와 앉는 이도 있는데, 남은 전혀 의식하지 않는다. 표정도 보면 당당하다.

술잔 주고받을 때 있다. 익숙해져 당연한 걸로 받아들이지만, 타액이 무신경한 채로들 돌아간다. 찌개 먹을 땐, 어찌 먹든 숟가락으로 그리 휘휘 저어대는지, 반찬은 한 젓가락에 집어 한입에 넣으면 안 될까. 밥 타박하는 이도 있는데, 한번 스치듯이 보고는 바꿔오란다. 그 밥이

그 밥이건만 이런 데서나 누려보자는 권세 같다. 만원 식당에서 외투는 그리 조심성 없이 훌훌 벗고들 입는지, 벗고 입을 때마다 떠다니는 미세 먼지를 아는지 모르는지,

지인 R 씨! 행사 때면 정시에 도착 한 일 거의 없다. 관심은 지각 시각인데, 열기 오를만하면 온다. 매번 15~20분 차이, 늦은 시각으로만 치면 정확하다. 대화 분위기 독점하는 이도 있는데, 공통의 화제에 고루 기회 나누면 안 될까, 게검스레 한다는 게 정담(政談)에다 지역 편애가 전부다. 자기도취일 뿐, 채널만 돌리면 몇 번이고 토해내는 일반적인 담론 정도를 말이지.

나는 은행에서 현금 인출 때마다 낱장 살펴보는 별난 습관 있다. 구겨지거나 찢어진 돈은 없는지, 오염된 돈은 없는지, 그 중에도 더 큰 관심은 낙서인데, 낙서를 볼 때마다 나도 모르게 튀어나오는 망령(妄靈) 있다. '빌어먹을 놈 같으니라고…,' 돌고 도는 게 돈, 만인이 공유해야 할 돈이 아니던가, 잠시 거쳐 갈 뿐인 것을. 제 것 인양 낙서하여 이토록 불쾌감을 높이다니, 양면에다 낙서해놓은 일조차도 있는데, 심리 공해 따로 없지 싶다. 돈의 '해학'에도 '깨끗한 돈은 충성심을 보여준다.'고도 하고, '지갑은 돈이 사는 아파트'라고도 하던데, 더하여 만인에게 불편 심기까지 주어서야, 부(富) 새나가는 방정맞은 짓 아닌가.

애연가들에게도 죄민(罪悶) 불구 한마디, 담배는 어찌 아무 데서나 피우는지, 꽁초와 빈 담뱃갑은 아무 데나 버리는지? 유별나게 하수구만

찾아 버리는 이도 있는데, 차라리 노변에다 버리면 비질이라도 하여 치울 것을, 그 하수구 들여다보면 담배꽁초와 쓰레기로 그득하다. 일전, 시내버스를 타고 가며 옆 노선 달리는 트럭운전기사를 보니 왼손엔 휴대폰 통화 중이고 오른손엔 담배를 피워 물었는데, 연신 담뱃재를 도로에다 털어댄다. 담뱃재 털어 댈 땐 핸들이 양손을 떠난 채여서 마치 곡예운전을 하는 것 같다. 낚시터며 변두리 휴식처는 널브러진 담배꽁초로 혐오 공간 된 지 오래다.

일전 외출하고 돌아와 땀에 젖은 몸, 막 벗고 샤워 중인데 대문 벨이 울린다. 어인 일인지 연속 눌러댄다. 얼마나 위급한 일이면, 불길지조(不吉之兆) 아니기 만을 바라며, 젖은 상태로 걸치고 급히 달려가 대문을 열어보니 중년 여성이었는데, '이 집이 아니던 가베, 잘 못 왔네.' 혼잣말로 중얼거리더니 그대로 핑 돌아서 간다. '미안합니다.' 한마디 예의만 갖추었던들 촌극으로 넘길 수도 있었을 것을….

우리나라는 세계에서 교육수준이 제일 높다고 한다. 젊은이 70~80%가 대학 출신인 나라. IT 수준이 세계 최첨단을 걷고 있는 나라. 국력이 세계 15위권에 드는 나라. 그런데도 학교 폭력은 어찌 그리 많은지, 군대 폭력은 어찌 그리 많고 사회폭력은 어찌 그리도 많은지. 관심병사가 육군에서만도 8만 명이 넘고 비율이 23.1%를 차지한다고 한다. 겉 다르고 속 다른 나라 아닌가. 자식이 부모를 살해하고도 모자라 불까지 지른 사회현상을 보면서 통한의 비애에 젖는다.

아비 같은 노인이 어쩌다 자기 자리에 앉았기로서니, '싸발 놈'이라니 상상이나 되고, 시내버스 공간에서 턱짓으로 떨어져 앉으라니 가당키나 한 짓인가. 언젠가 허심탄회한 자리가 되어 이 같은 사례들을 토로하니 어느 지인, '숲을 보면 될 것이지 나무만 보려 드느냐?'라며 나무란다. 스스로 돌아보는 기회 되었는데, 그래도 그렇지. 사건 사고, 하고많은 세상. 방죽 미세 구멍이 뚝 무너뜨리는 동화(童話), 회자된지 오래요, '아무리 작은 일도 소중히 여기라'는 경구는 그냥 존재하는 것 아니다.

흔히 듣기 좋은 말로 '다를 뿐이지 틀린 것은 아니다.'라고도 하고, '얼굴 각기 다르듯 사는 것 모두 다르다'고들은 하지만, 솔직히 나무도 아니 보고, 숲도 아니 보고 살 수 없는 우리네 인생사! 폭력이 폭력인 줄 모르고 잘못이 잘못인지도 모르는 일그러진 세상 되어 간다. 관심은 성찰인데, 근본 치유의 뿌리는 가정이지 않은가 싶다. 가장 훌륭한 교실은 밥상머리라고도 하던데, 수신제가(修身齊家)야말로 치국안민(治國安民)의 지름길일지니. 내 가족부터 차분히 다시 챙겨 볼 일이다. 바라건대 일반상식이 소통하는 우리 사회가 되었으면.

(2014.10 문학의 뜰 제6호)

세월 갈수록 더해지는 그리움이

큰딸한테서 전화가 걸려왔다. 하루를 시작하며 으레 하는 안부 전화였는데, 전화 끝에 할까 말까 망설이다가 한다며, 꿈 이야기였다. 할머니가 꽃 분홍치마저고리에 환하게 웃으시며 나오시는 꿈이었는데, 기분이 그렇게 좋을 수 없었다며, 오늘 하루 무슨 좋은 일 없을까 하더니, "우리 할머니 천당에 계신 것 같아요" 하는 것이었다. 순간 눈물이 핑그르르 돌았다. 우리 어머님! 이승떠나신 지 어느덧 9년여 세월. 어인 일로 꿈에서 조차 뵌 일이 없었던지. 스치듯 하셨을 뿐 기억에 남는 게 없다. 그토록 사무치고 그리웠건만 징검다리 건너시듯 손녀에게 나타나셨다.

나는 부모님 영정을 서재에 모셔 놓고 있다. 매일 이용하는 컴퓨터 바로 옆에 모셨는데, 일상에 무심히 묻히다가도 어머님 영정을 뵈면 금시 숙연해지고 경건한 마음에 쌓인다. 스물여덟에 홀로되신 어머님! 내 두 살 때였는데, 그 탓인지 부모님 영정을 같은 틀에 모시고도 어머님께 마음이 더 간다. 그도 그럴 게 어머님과 함께해 온 파란만장한 인생. 93세를 일기로 영면하시기까지 희생만 하다 가셨다. 그런데도 유년기엔 분간 모르고 지내왔고, 중 · 고 시절까지는 내 고단함과 궁핍한 것만 서러웠었다. 가정 이루고서야 감이 와 닿았고 가슴으로 느끼게 되었으니 뒤늦은 참회(懺悔)와 아울러 회한의 눈물을 쏟는다.

어머님! 그동안 평안하셨는지요? 하늘나라에서나마 아버님 만나 이승에서 못다 하신 삶, 누리시리라 믿습니다. 그러시려니 믿고 영정 사진, 한 틀에 넣어 제 옆에 늘 모셔 놓고 있네요. 저는 가끔 가상(假想)해 보는데, 만약 어머님이 저희 놓아두고 개가라도 하셨더라면 저희 형제 어찌 되었을까. 일제 말 시대상황이며, 가정환경이 천덕꾸러기로 몸 둘 곳 없는 신세 되지 않았을는지? 아찔한 생각이 듭니다. 오늘 두 아들네가 가정 이루며 이만큼 살아오기까지 그 바탕은 바로 어머님! 그 크신 사랑과 희생이 있으셨기에 가능하지 않았던가요.

어머님! 지난 세월 생각 많이 납니다. 저 어렸을 때, 어머님과 떨어져 산 적 두 번 있었지요. 첫 번은 형이 고향 떠나 중학교 다닐 때 뒷바라지하신다며 전주로 같이 가셨을 때 정말이지 쓸쓸하고 외로웠습니다. 6 · 25전쟁으로 고향에 돌아오셨을 땐 목이 메어 얼굴 들지 못하고 울었고요. 전황(戰況)이 위급하여 집에서 하룻밤만 보내고 남산 넘어 인삼밭 원두막으로 피난 가던 날, 그날따라 날씨 어찌 덥던지. 어머님은 참외밭에 들어가 참외 두 개를 사 저희에게 먹으라며 건네주셨습니다. 어찌 두 개뿐이냐고 드렸더니, "나는 먹고 싶지 않다. 너희나 먹어라." 그 땐 참말이지 그런 줄만 알았습니다. 두 번째는 제가 중학교 나와 형편상 진학을 포기하고 전주에 나가 점원생활 할 때였지요. 1년 3

개월 만에 어머님 편지 받고 고향으로 돌아와 뒤늦게 농고에 편입 하였는데, 그때 두 아들 학비 대시느라 고생이 얼마나 크셨던지 삯바느질 하시느라 뜬 눈으로 밤샘하시던 생각이 납니다. 자다 일어나 보면 바느질, 또 일어나 보아도 바느질, 흥얼흥얼 노래 읊으시며, 긴긴밤을 어머님은 그렇게 새우셨습니다.

논이라야 800여 평에, 산비탈 밭 일구어 손바닥만 한 땅에 고구마 심고 호밀 가꾸어 호밀 수제비 먹던 기억도 나네요. 고구마밭 김을 매느라 한더위 피해 매자며 새벽에 호미 들고 산비탈 밭에 나가 어머님과 해가 중천에 떠오르도록 잡풀을 매던 일, 집에 돌아와 서둘러 책가방 챙겨 학교에 가니 1교시가 끝나가더라고요. 왜 지각했느냐 묻지 않았습니다. 등교 시간 조금만 늦어도 교문에서 붙들려 혼이 날 때였는데도 말이지요. 그렇게 마친 고교생활. 막상 졸업장은 받지를 못했지요. 등록금 미납이 원인이었는데, 그때 어머님이 얼마나 마음 아파하시고 침울해하셨던지, 저는 지금까지도 잊을 수 없는 가슴 쓰린 추억이 되고 있습니다.

그해 여름 공군에 입대하여 어머님 혼자 고향 지키며 사시던 생각도 나네요. 1959년 9월 사라호 태풍. 세상을 날려버릴 것 같은 위력에 어머님은 안전하신지, 함석지붕은 날아가지 않았는지, 단 한숨도 잠을 이룰 수가 없었습니다. 훈련병 시절이었으니 달리 방법이 없어 얼마나 애간장이 탔었던지. 사흘 후 외출 나와 고향에 달려가 보니 다행이도 무사하여 "천지신명께 감사!" 안도의 한숨을 내 쉬던 기억도 납니다.

어머님! 세월이 흘러 이젠 저희도 70대 중 · 후반 나이 되었습니다. 돈 없고 인맥 없어 잠 못 이루던 시절이었는데, 다행이 60년대 들어 공직에 공개경쟁채용시험제도가 도입되어 비로소 희망을 품을 수 있었고 전역 후 바로 공직생활로 접어들어 무사히 마치고 노후를 보냅니다. 어머님 살아생전 자주 하시던 말씀 생각이 나네요. 두 아들 쬐금 가르쳐 놓았더니 말글로 풀어먹는다며 그렇게도 좋아 하시던 어머님! 연금 받아 노후 걱정 없이 살게 되었다며 그리도 좋아하시던 어머님! 정말이지 아무 걱정 없습니다.

엇그제 설 풍경 한 말씀 더 드려볼게요. 명절이면 찾아뵙던 고향 형님 댁, 더는 다니지 못한지 3년째 되어갑니다. 형수님 건강이 예전 같지 않은데다 제 가족만도 모두 열 넷, 명절이면 몰려드는데, 대가족이 되었습니다. 왁자지껄하지요. 차례는 형님이 모시니 다를 바 없지만, 세배방법만은 큰 변화를 가져왔습니다. 제일 먼저 부모님 사진 모셔 놓고 모두 한자리에서 세배를 드리지요. 어머님은 회갑 때 찍은 사진이지만 아버님은 주름 일자 없으신 청년기 모습, 손주들에게 사진이 다를 수밖에 없는 이유 설명도 해줍니다. 사실은 저도 기억에 없는 요절하신 아버님 사연을 말씀이네요.

이어 저희 부부가 맞절 세배를 합니다. 연이어 큰딸 부부, 작은딸 부부, 마지막으로 아들부부 순서로 맞절들 하는데, 맞절하고는 덕담을 나누지요. 새 출발을 다짐하며 포옹도 하고요. 볼맞춤까지 하며 '사랑해.', '고마워.' 하면, 애교와 익살스러움에 그만 손주들이 손뼉을 치고 환호를 합니다. 한마디로 웃음바다가 되지요. 아쉬웠던 건 이번 설에 둘이 빠졌네요. 큰 외손녀는 필리핀 바기오대학 교환학생으로 가 부득이한 형편이 되었고, 아들은 취업 준비 중입니다. 제가 위로 딸 둘에 마지막으로 어렵게 얻은 아들이 되어, 출산 때 어머님이 순창까지 내려오셔 손수 받아내시고는 그리도 좋아하셨는데, 어언 39년 세월, 두 번이나 군대 다녀 온 사나이. 처음 병장 제대하고는 복학하기까지 이스라엘 기브츠 농장에서 아르바이트하고 온 별난 손주. 예비역 소령이네요. 잘 풀려야 할 터인데, 용기 주시고 격려해 주세요.

형님은 자녀농사 잘 지었다며 주변으로부터 칭송에 부러운 눈길들을 받고 있습니다. 저희 형제 이만큼이나마 있기까지는 어머님의 피맺힌 인고의 세월, 사랑과 헌신이 아니었으면 어찌 가능했을지. 고개가 절로 숙어지고, 눈물 절로 아니 젖을 수가 없네요.

어머님! 이제 마음 푹 놓으시고 하늘나라에서나마 못다 하신 사랑 이루시고 여유 누리셨으면 합니다. 글 올리는 동안 행복했습니다. 어머님 품속에 녹아드는 느낌이 들어서요. 이만 줄이오며, 바램입니다만, 꿈속에서나마 생시의 모습 저에게도 찾아와 주셨으면, 뵙고 싶습니다. 어머님!

(2014. 3. 문학의 뜰 제5호)

어느 하루의 일진(日辰)

모악산 등산 날, 목적지에 올라 보니 숨이 턱 막혀온다. 푹푹 찌는 삼복더위, 그럴 만도 하다. 일행은 잠시 쉬었다 갈 마음으로 가방 풀고 신발 벗고 휴식 중이었는데, 갑자기 발등이 따끔거려왔다. 보니 벌레가 들러붙어 있는 것 아닌가. 순간 손바닥으로 내리치게 되었는데, 아무 흔적이 없다. 그도 그럴 게, 길이라야 3mm쯤이나 되었던 것 같다. 마치 송충이 같은 모양새에 황금색 빛깔을 띠었는데, 그런 벌레는 처음 보았다. 내내 쓰라림은 계속되었고 시간이 가도 차도가 없다. 신발 신고 발걸음을 옮겨보니 예삿일 아니었다. 지팡이에 의지해가며 절룩거리며 내려왔다. 약국에 들러 증상을 이야기하니 '써버쿨액'을 내어준다. '벌레에 물린데 바르는 약'이라고 표기가 되어 있다. 두세 번 발랐지만, 효험이 없다. 통증으로 앉았다 누웠다 하기를 여러 번 밤새 단 한숨도 못 잤다. 온전히 뜬 눈 새우기는 그때가 처음이었다.

자주 오르는 모악산, 산수 좋고 경관 좋건만 심기 불편할 때 많다. 바로 널린 쓰레기인데, 가끔 주워온다. 그날도 합심하여 주워 내려온 터였다. 그런데 주차장에 당도하여보니 쓰레기 처리장이 없다. 노점상에게 물으니 며칠 전 없앴단다. 그간 쓰레기 처리시설은 용도별로 분류하여 버리게 되어 있었다. 유리병, 캔, 종이류, 스티로폼, 일반 쓰레기 등 구분하여 버리면 좋으련만 마구 버려 보기 흉하고 지저분한데다 재분류 처리하느라 별도의 인력과 노력이 소요되었으리라. 아무리 그렇기로서니 달리 대책 없이 쓰레기장을 없애다니 이해가 안 간다. 쓰레기는 부득불 동료 자가용 편에 실어 왔지만, 나 홀로 산행하다 주워왔다면 어찌하였을지, 버스 이용하느라 불편에다 다시 규격봉투로 바꾸어 버려야 할 형편이니 가당찮은 일이지 않은가.

돌아올 땐 시내 남부시장까지는 동료 자가용 편으로 오지만 그곳에서 집까지는 안골 행 시내버스로 갈아타야만 한다. 그날도 남부시장 정류장에서 내렸다. 같은 시각에 당도한 시내 버스까지는 불과 10여 미터 거리, 손을 들어 흔들어가며 뛰었다. 그런데 멈칫멈칫하더니, 이내 내 달려가는 것 아닌가. 5초 여유면 될 사이, 시민의 발이어야 할 시내버스가 말이지, 걸음걸이 불편하고 한시가 급한 맘에 그 야속함이라니. 분 삭이느라 얼마나 애를 썼었던지.

한참 후에야 온 버스는 우회도로를 거쳐 가느라 시간이 더 걸렸는데, 드디어 안골에 도착, 하차하려 하니 이번엔 출구 문이 금시 닫히는 바람에 몸은 빠져나왔는데 어깨에 멘 가방이 걸려있다. 그대로 달렸다면 영락없이 출구 문에 매달려 끌려가야 할 상황 아닌가. 다행히 다시 열려 빠져나왔지만, 얼마나 혼쭐이 났던지. 그러면서도 운전사들은 안전 운행을 위해 승객이 미처 앉을 새도 없이 빨리 앉으라며 소리치고,

승객이 일어서면 일단 정차한 뒤에 일어서라며 또 큰소리친다. 그런데 운전석 정면 회전전광판엔 '공지' 글이 이렇게 떠 있다. '친절한 기사, 안전한 버스를 최고의 가치로 삼아 사랑받는 버스가 되겠습니다.'

마침 그날 아내는 친정어머니께 전화를 드렸던가 보다. 장모님은 천주교에서 운영하는 남양주 '글라라의 집'에서 사신다. 그런데 이상이 감지 되었던지, 의심 들어 여쭈어보니 마당에서 후진 차에 치이셨단다. 당시에는 참을 만했는데, 며칠 지나고 보니 가슴에 통증이 오는 게 불안하시다고 했다. 엑스레이 판독 결과 이상은 없으시다 하여 그나마 다행이란 생각은 들었다. 그래도 그렇지 노인 삭신이시지 않은가.

하찮은 벌레 한 마리가 무슨 독기를 품었길래 육신 적, 정신적으로 그토록 큰 고통을 안겨주었으며, 주차장에 존치해오던 쓰레기 처리장은 어인 일로 하루아침에 철거하게 되었는지, 버스 기사는 직업이 서비스 직책인 줄조차 모르고 큰소리치고, 질주해대는 무례를 보면서 문명국의 면모는 어디서 찾아볼지 갈길 아득함 느낀다. 그래도 그날 잊을 수 없던 건, 달려가는 승용차에서 스치듯 본 노변 설치 플래카드 내용이었는데, '친절 운전기사—오늘 하루 ㅇㅇ노선 시내버스 무료로 운행합니다.' 부디부디 잘 못 읽힌 내용이 아니기를…,

덧붙여 다음날 동네 피부과에서 겪은 일이었는데, 이른 시각임에도 환자가 대기실 한가득 밀려있다. 차분히 마음먹고 대기 중인데, 아무리 기다려도 차례가 오질 않는다. 그런데 보니 뒤에 내방 환자도 검진

실에 드는 것이었다. 간호사에게 궁금증 들어 물으니 착오가 생겼단다. 잘못이 확인되었으면 바로 다음에 불러주면 될 것 아닌가. 그런데도 관심이 없다. 무관심도 정도가 있지 기다리기 지쳐 그만 나도 모르게 성깔 안 피울 수 없었는데, 그러고 보니 참으로 체면 사나운 장면이 되었다.

드디어 여의사와 대면 자리. '어디가 불편하시냐?' 하기에 자초지종을 이야기하였더니 다 듣고서는 진료 소견에 앞서 먼저 하는 말이 "순서가 잘못되어 좀 늦어지게 되셨나 보네요." 예의를 표하고 뜻밖에 또 한다는 말이 "아버님이 신경이 좀 날카로우시잖아요!" 하는 것 아닌가!

'개똥밭에 굴러도 이승이 낫다.' 하는 말이 있다. 그 의미 곰곰 되돌아보게 되었는데, 어찌 보면 운수불길이요 역으로 보면 그만하기 다행이라. 설마하니 연속 더 불길지조(不吉之兆)야 없겠지. 벌레 물린 자리 통증도 아물고 장모님도 하루가 다르게 좋아지신다고 한다. 주변에서 병들고 고통받는 이들을 보면서 곡절 많은 인간사 느낀다. 그러고 보니 단순한 일상에 대한 자극이요 의미 깊은 일진 아니었던가. 우연히 인터넷에 오른『노인 처세 명심보감』을 보니 이런 글이 나온다. '그러려니, 하고 살자.' 모처럼 불볕더위, 가뭄 끝에 단 비가 내린다. 환희요, 큰 은총이로다.

(2013. 10. 문학의 뜰 제4호)

돼지 단상(斷想)

아침 식탁에 돼지고기 찌개가 올라왔다.

아내가 묵은지를 물에 헹구어 심심해진 우거지에 돼지고기를 썰어 만든 찌개였는데 우거지 맛 같기도 하고 돼지고기 맛 같기도 하다. 별미로 알고 먹는데, 불현듯 돼지 키우던 생각이 났다. 전쟁 후 어렵기 그지없던 시절, 집집이 울안에 돼지를 키웠는데, 거의 한두 마리 정도였고, 어쩌다 10여 마리 키우는 집 있었지만, 매우 드문 일로 선망의 눈길을 보내던 시절이었다.

내가 돼지에 관심을 두게 된 것은 중1 때였는데, 먼저 착수한 일은 돼지우리 짓기였다. 돌담방 바로 옆에다 네 기둥 세우고 핏쪽으로 가로세로 질러 못질하고 지붕 이어 대충 만든 돼지우리였는데, 손수 지어놓고는 얼마나 대견해했었던지, 그로부터 키워낸 돼지는 고2 때까지 모두 10여 마리쯤 되었고. 키운 지, 10개월가량 되면 팔았는데, 그때쯤이면 으레 거간꾼이 찾아와 흥정하고 대저울에 달아 확인하고 자전거에 실어 갔다. 키워낸 돼지가 근량이라야 6~70kg(100여 근)밖에 되지를 않았는데, 그도 그럴게, 제대로 먹이지를 못했다. 사료라야 쌀뜨물에 등겨 정도였고 그나마 먹이다 보면 바닥나기 일쑤였다. 지금이야 양돈업자가 5~6개월만 키워도 110kg 정도는 된다던데, 실로 격세지감을 느낀다.

당시 돼지 품종은 흑돼지와 잡종이 대부분이었고 일부 버크셔종도 유통되었는데 값이 비싸 엄두를 못 냈다. 키운 동기는 별 품 들지 않고 돼지 말고는 달리 대안이 없는데다 부수적으로 얻는 게 두엄이었는데, 돼지 배설물로 짓밟혀 낸 볏짚이나 먹이풀은 유기질 거름이 되어 농사에 매우 유용하게 쓰였기 때문이었다. 나는 여가 나는 대로, 들에 나가 먹이풀을 베어와 먹이곤 하였는데, 특히 봄철에 나오는 새움은 가리지 않고 거의 잘 먹었다. 먹는 모양을 보면 그리 귀여운지, 누워 새근거리는 모습은 어찌 그리 여유작작한지, 지켜보노라면 절로 평화로움에 젖어드는지, 때론 막대 들고 파리 쫓고 긁어 줄 때 있는데, 그럴 때면 지그시 보이는 실눈이 앙증맞기까지 하고, 복부 긁을 땐 쾌감에 네 다리 쭉 뻗는 게 기지개 켜는 모양새가 된다, 사타구니 긁을 땐 한쪽 다리 치켜 올려, 보고 있노라면 어찌 그리 또 우스운지. 교감이란 게 인간끼리만의 것은 아니로구나. 깨닫는다.

그러다 팔려나갈 땐 애틋한 정에 잠 못 이룰 때 있는데, 무엇보다 거간꾼에 넘어가는 과정이 거칠고도 험난했다. 먼저 뒷다리를 사정없이 낚아채고, 새끼줄에 네 발과 주둥이가 단단히 묶이고, 대저울에 다는 과정에서 괴성을 질러대고, 그 비참함이라니 가슴이 찢겨왔다. 마지막 자전거에 실려 고샅 돌아나갈 때면 허전함을 넘어 말 그대로 비애였다.

그 대가(對價)는 학비며 비료대며 어느 살림 한 구멍 메워주었기에 그렇게 유용할 수가 없었다. 돼지는 우리 집 동산 1호였고 가세(家勢) 면에서도 보면 달리 비교 대상이 없었는데, 초근목피 시절. 돼지 한두 마리에 몫을 대고 살아왔다니, 회억(回憶)에 젖는다. 1인당 국민소득이 67달러였던 시대. 월급쟁이 보수라야 양곡 현물로 네댓 말쯤이나 되던 백부님 댁 생각도 난다.

당시 돼지는 애완 동물적 가치, 가정 경제적 가치에 두엄 가치까지 더하여 한마디로 1돈3역(一豚三役)이었던 셈인데, 하여, 터 비좁아 공간이 없는 가정에서는 노변 공터라도 점유해서들 키웠다.

잊을 수 없는 일은 술찌끼 얻어다 먹이로 준 일 있는데, 어찌 잘 먹던지, 그런데 먹고 나더니만, 휘청대다 픽 쓰러지더니 이내 곯아떨어지는 것이었다. 다음은 키운 돼지 인접 방앗간으로 팔려간 일이 있다. 방앗간 규모 크고 상용 인부가 많아 잡아 잔치용으로 구매해 갔는데, 어미돼지로서 손색이 없었던지 더 키워 새끼를 냈다. 제일 마음 들어했고, 애석(愛惜)해 하던 차 얼마나 감사하고 다행스러운 일이었던지, 팔려 간 이후 어미돼지가 되어 자리 누려가는 동안 오갈 때마다 자주 들여다보곤 하였는데, 옛 주인을 아는지 모르는지…, 그가 낳은 새끼 10여 마리 재롱에 넋을 놓고 감흥에 젖은 적이 다 있다. 새끼 치고 안

예쁜 것 없건만 돼지 새끼만 한 재롱은 아마 없으리라. 육십여 년 세월 흘렀건만 관심 아니 가진 돼지 없고 기억 남지 않은 돼지 없다. 미련퉁이 돼지라지만, 애완동물의 지위까지 누렸으니 주인 잘 만난 돼지들 아닌가.

지금은 전문양돈업자가 키우는 세상 되었고, 규모마저 커 교감이나 있는지? 호화돈사(豚舍)에 양질 먹이에 비육돈으로 자라 명명컨대 신세대 꿀꿀이. 배불리 먹고 윤기가 흘러 오히려 행복한 돼지일런가 생각은 든다.

보도로는 근래 산지가격이 폭락하여 양돈농가가 울상이라고 한다. 그렇다고 밥 달라 꿀꿀대는데 먹이 안 줄 수도 없고, 먹이는 만큼 손해라고 하여 이점 대책은 없는지. 그런데도 소비자에게는 전혀 감이 와 닿질 않는다. 한 번 오른 음식 값은 내릴 줄을 모르니 유통 구조상의 문제냐, 식당주인들의 폭리냐 말들이 많다. 먹거리 넘쳐나는 세상, 고기는 다 같은 고기로 알았었건만 부위별로 맛 다르고 가격 다른 세상 되었다. 삼겹살, 갈매기살, 등심이 다르고 목심, 갈비, 앞 · 뒷다리가 다르다. 사태가 또 다르니 여간 헷갈리는 게 아니다. 아침 돼지고기 찌개는 어느 부위였던지? 돌아보니 품 안의 돼지들…, 꿈에서나마 다시 볼 수는 없을까? 돼지꿈은 길몽이라던데 말이지. 그리운 세월이로다.

(2013. 10. 문학의 뜰 제4호)

용돈

'용돈', 사전엔 '개인들이 사사로운 일에 쓰기 위해 지니는 돈'이라고 풀이가 되어 있다. 지난 추석 가족 모임 때도 나는 여느 때처럼 손주들에게 용돈을 주었는데, 초등생은 3만 원, 중(中)은 4만 원, 고(高)는 5만 원을 주었다. 나름의 기준인 셈인데, 연간 주는 기회는 대체로 고정이 되어 있다. 양대 명절, 우리 내외 생일 때, 그리고 여름휴가와 연말 가족모임 등인데, 평균하여 예닐곱 번쯤이나 되고, 예외로 학교 시험에서 100점 받아올 때나 피아노 경연대회에서 대상을 받아 왔을 때였는데, 그동안은 상황 보아 적당히 주어오던 것을 올해부터는 가족 카페에 명시해 놓았다. 만점 받기가 어디 그리 쉬운 일인가. 하여, 초등생은 과목당 만점은 2만 원, 95점(아차상)은 1만 원, 90점(격려상)은 5,000원으로 범위를 확대하였고, 중 · 고생은 기준을 점수대별로 1만 원씩 각각 추가해 놓았다. 지난해에도 이런 명목의 지출액이 꽤 되었는데, 돈을 주며 생각되는 점은 많다.

용돈이 어떻게들 쓰이고 있는지, 많은지 적은지, 만족인지 불만인지, 득인지 해인지…, 나 어렸을 적엔 용돈 받아 본 적도 없고 지녀본 적 거의 없었다. 일제치하에서 태어나 수탈의 역사를 겪어왔고 시절 궁핍하여 아예 생각지를 못하고 살아왔었다. 더하여 편모슬하에서 살아왔으니 오죽하였을까. 그런데도 기억되는 것은 큰 집에 갔을 때였는데, 몰골이 흉했던지, 큰아버지가 머리 깎으라며 이발료를 주신다. 어찌 감격했던지 60년도 더 지난 일이건만 잊히지가 않는다. 더구나 큰아버지는 말단 공직 신분이셨고 자식을 열이나 둔 터였기에 열악하기 그지없는 가정환경이었는데, 아비 없는 조카의 모습이 얼마나 흉했으면 이발료를 다 주셨을까. 엄밀히 보면 용돈은 아니었다. 말 그대로 이발료였던 것이다.

용돈의 필요성을 절감한 건 고등학교 때였다. 친구들과 어울리면서부터였는데, 전쟁이 끝나고 사회가 자리를 잡아가면서부터 읍내 중심가에는 다방과 빵집이 생겨나기 시작했고, 극장가에선 주제가를 주야로 틀어 댔다. 신분상 극장 출입은 언감생심이었지만 그래도 호기심에 간간이 무용담처럼 주워듣던 일이며, 친구 따라 빵집에 들러 국화빵 얻어먹던 기억은 평생을 잊히지가 않는다. 갓 구워낸 국화빵은 어찌 그리 달콤하고 혀에 살살 녹아나던지, 수제비와 시래기죽에 젖어 살던 맛감각이 황홀하여 절로 탄성에 마치 하늘을 나는 기분 같았기 때문이었다. 오뉴월 딸기밭 찾아 싱그러운 맛과 향에 젖어보며 소득작물을 경이의 눈으로 체험도 하여보고, 카메라 아르바이트 친구 덕에 소풍 때마다 사진 찍어 도움받았던 일이며, 그럼에도 단 한 차례 보답도 없이 신세만 지고 살아왔었다. 그럴 때마다 고마움을 넘어 때론 주눅이 들어 용돈의 필요성을 얼마나 절감했었던지…,

어느덧 70대 중반 나이, 주마등처럼 내 달려온 인생 역정 느낀다. 지금의 우리 세대만큼 큰 변혁세대도 없으리라. 오죽하면 연년생 간에도 세대차이 느낀다는 세상 되었겠는가. 하여, 손주 세대의 용돈 쓰임새 관심이 간다. 사례 들기 민망스런 일이지만 중 · 고생들이 버젓이 길거리 흡연을 하고, 자연(紫煙) 매캐한 PC방에 빠져 시간 가는 줄 몰라 하며, 전자기기 중독에다 또래 간 유흥에 휩쓸려 씀씀이들 크리라. 얼마 전 지인들과 식사자리에서였는데, J씨! 약속 시각에 늦었다. 늦은 사연인즉, 막 나오려던 참에 손주가 찾아왔다고 한다. 대학 1년생으로 목적은 용돈이었고 달란 돈이 20만 원이나 되어 네 아빠한테 달래지 왔느냐? 하였더니 주질 않더란다. 망설이다 은행에 가 찾아다는 주었는데, 나이 들어 도움받아도 시원찮을 판에 얼마나 절박했으면 할아버지를 찾아왔을까 하여 주었다며 부아 돋친 심기를 드러냈다. 부연(敷衍)하여 용돈을 주면서도 용도 묻기도 어려웠고 그렇다고 '제 아비에게 알릴 수도 없는 일이지 않은가?' 하더니 씁쓸한 표정을 짓는다.

우연히 작은딸과 통화 중에 외손녀에게 시험 턱으로 보낸 돈은 어디에 쓴다더냐 하였더니 저금통장에 넣어 대학 등록금에 보태겠다고 한다. 기특한 일이긴 한데, 아직은 초등생으로 부모 입김 아닌가, 들려왔다. 돌아보지만 용돈처럼 유용한 것도 없으리라. 하루가 다르게 변 화하고 발전하는 세상, 윤활유 역할 아닌가. 지난 세대야 군것질에 학용품구매 정도라 해도 과언 아니었지만, 이름 하여 첨단 신세대! 문화생활이며, 건강 활동이며, 놀이기구며, 교우관계에 이르기까지 어느 것 하나 용돈 없이는 운신하기 어려운 세상이 되었다.

지나온 세월, 못 쓰고, 못 어울리고, 볼거리 미처 못 보고 살아온 인생, 배움까지 적어 매사 출발이 늦어졌다. 한마디로 후발 인생인 셈인데, 살아오는 동안 유독 소심했던 것도, 생각의 틀이 좁았던 것도, 선뜻 어디 나서기 주저주저했던 것도, 결국은 청소년기를 거쳐 오는 동안 형성된 환경영향 탓 아니었던가.

손주들에게 용돈을 주는 이유이며 기대인데, 먼저 돈의 소중함을 알고, 사용처를 분명히 하며, 기록의 습성을 길렀으면 좋겠다. 남과 비교하지 말고, 충동구매는 자제하며, 써야 할 곳 안 쓰는 일 없도록 하여 궁극적으로 더불어 사는 가운데 사회성이 길러지고 인성 함양이 되었으면 좋겠다. 학교성적 만점 과목에만 주어오던 것을 올해 들어 아차상금에다 격려상금까지 길을 열어 경쟁 심리까지 불붙여 놓았으니 여섯 손주! 향배가 주목 되고 관심이 간다. 멀리들 살지만, 마음만은 지척지지(咫尺之地), 손주들과 함께하는 황혼기 인생이여!

(2013. 2. 문학의 뜰 제3호)

도난 책임

아내와 조석으로 학교운동장 걷기운동 할 때면 가방이나 지참물을 적당한 위치에 걸어놓고 가벼운 몸으로 걸을 때 있다. 메고 걷기 불편하거나 날씨 더워 짐스럽게 느껴질 때인데, 지난여름에도 운동장을 돌며 멀리서 보니 주변을 맴돌던 이가 모자를 한참이나 만지작거리더니 써보고는 다시 걸어놓는 것이었다. 언젠가도 아내의 가방을 지퍼까지 열어 내용물을 확인하고는 열어놓은 채 그대로 가는 광경을 본 일도 있다. 그 정도였기 망정이지 만약 쓰고 갔거나 들고 가기라도 했다면 어찌하였을지. 책임은 누구에게 있는 것일까.

연전에 등산 회원들과 등산하고 내려와 단골 음식점에 들어 점심을 한 적이 있다. 홀에 드니 마침 주인이 보이질 않는다. 일행은 여느 때처럼 바로 빈방에 들어 자리를 잡아 앉았다. 그런데 나는 따라 들어갈 수가 없었다. 중앙 계산대에 현금 2만여 원이 보란 듯 놓여 있었기 때문이었다. 손님은 계속 드는 상황이었고, 주인은 보이지가 않으니 여간 심기불편하던지. 5분여 지나서야 종업원이 나타났고, 주의를 환기하고서야 일행 속에 끼어들었다.

도난과 관련하여 얽힌 일화들 있지만, 그중에서도 참으로 어이없고 잊을 수 없는 일이 있다. 공군에 복무 중 주번사령 부관근무를 설 때인데, 한 번은 교대신고를 하고 집무실에 들었다. 근무일지며 비품들을 점검하는 중인데, 전화가 걸려왔다. 바로 전임자였는데, 만년필이 있느냐며 묻는 것이었다. 없다 하였더니, 다시 한 번 확인 하여 달라는 것이었다. 아무리 둘러보아도 보이질 않았다. 또다시 없다 하였더니 대번에 돌아오는 말이, 야 이 자식아! 내가 방금 놓고 왔는데 없어…, 어찌하나! 순간 억장이 무너져 내렸다. 변명이 통할 리 없는 상황이었고 다투어 보아야 상처만 클 것 같기에 얼마나 고심이 컸던지, 그 충격 지금껏 안고 살고 있다.

또 다른 사례로는 27년 전 막내처남 결혼 때였는데, 축의금 도난사건이 발생하였다. 결혼시간을 앞두고 처가에는 친족들이 속속 모여들었고 그즈음 이웃과 친족들로부터 받아 놓은 축의금이 꽤 되었다. 그런 와중에 장모님은 한복 갈아입으려 윗방으로 잠시 가신 사이였는데, 마침 대문 밖에서는 클랙슨 소리가 났고 방안에 있던 친족들은 차 타러 우르르 문밖으로 나갔다. 그런데 방에 들려 보니 받아놓은 돈 봉투 다발이 없어졌잖은가. 당시, 홀몸으로 가계를 꾸리시며 어렵사리 혼사를 치르신 터였는데…, 일 치르시던 내내 침통함을 넘어 망연자실하셨던 장모님의 모습을 아울러 잊을 수가 없다.

지난 6월 KBS1 아침마당 프로에 도보 여행가 황안나 님의 여행기를 감명 깊게 들으며, 퇴직한 연세에다 여성임에도 나 홀로 이룬 국토횡

단의 용단에 자극 받아 그분이 쓴 책 '내 나이가 어때서?'를 구매해 읽었다. 그 중 소제목 '길 위의 고백성사'의 내용 일부인데 글을 요약하면 다음과 같다.

"아주 오래전에 6학년 담임을 할 때였는데, 책갈피에 넣어 둔 10만 원이 온데간데없었다. 마침 반에는 손버릇이 좋지 않았던 아이가 있어 의심하였다. 증거가 없어 말은 못했지만, 마음속에서는 이미 그 아이를 범인으로 낙인찍어 놓았다. 끝내 그 애를 따뜻하게 대하지 못한 채 졸업시켰다. 해가 바뀐 어느 날, 책을 정리하다 책갈피에서 봉투 하나를 발견했는데, 그 안에 잃어버린 줄 알았던 돈 10만 원이 고스란히 들어 있는 것 아닌가. 나는 소스라치게 놀랐다. 반년 동안이나 아무 잘못도 없는 아이를 마음속으로 미워했으니."

도난의 책임은 누구일까. 사건이 발생하면 자연 그 가능성을 놓고 의심하기 마련인데, 문제는 범인은 하나인데 반하여 의심은 여럿을 하게 된다. 아니, 주변 모두가 도둑 같다. 내가 앞서 음식점에 들어 계산대 위에 놓인 돈을 보고 방에 바로 들지를 못했던 것도 만약 그 사이 잘못된 일이라도 발생하면 나도 의심의 대상일 수 있고 그 때문에 불쾌한 기억이 되어 두고두고 남을 것을 우려했기 때문이었다.

나는 아파트에 거주하며 오랜 세월 이웃과 친숙한 관계에 있고 상호 신뢰 속에 살고 있지만 잠시 쓰레기 버리러 갈 때도 대문만은 반드시 잠그고 간다. 의심의 굴레에서 자유롭기 위함인데, 사건 사고 심심찮은 세상. 지레짐작처럼 큰 죄악도 없으리라. 표적도난이야 어쩔 수 없겠지만, 탐욕으로 얼룩진 인간사. 그러고 보면 도난책임은 일차적으로 본인에다 관리하기 나름이지 않은가 생각 든다. 남 탓하기 전에 우리 모두 주변 단속 잘들 하고 있는지 관심 둘 일이다.

(2013. 2. 문학의 뜰 제3호)

가계부

가계부 쓴지 올해로 44년째 되었다. 결혼과 동시에 쓰기 시작하였는데, 그 탓에 서가에는 43권의 가계부가 나란히 꽂혀 있다. 연대순을 보니 겉보기에도 얼른 표시가 난다. 오래된 것일수록 낡거나 표지가 떨어져 있는 게 있고, 크기가 들쑥날쑥한 데 비하여 중반 들어서부터는 크기가 통일되어 있고 보기에도 가지런하다. 그도 그럴게, 결혼 초년 대엔 단칸살이에 아이들 키우느라 어느 살림도구 하나 제 형상 제대로 유지할 수 있었던가. 초기에는 주로 여성잡지 부록으로 나온 가계부를 이용하였는데, 크기가 크고 유별나게 두꺼워 보관 관리에 불편하고 보기에도 마뜩잖다. 이용 면(面) 대비 생활상식이나 상품선전 기능이 더 많기 때문인데, 다행히도 90년대에 들어서 부터는 전북은행 가계부로만 통일하여 써 오고 있다. 내용도 간결하고 실용적인데다 지인이 한해도 거르지 않고 보내주기 때문이었다. 그런데 올해는 가계부 발행이 안 되었다고 한다. 발품 팔아 몇 군데 다녀보았지만 듣던 대로였다. 대안으로 농협에서 구해보려 하였지만 시기가 늦었던지 다 소진되었다고 한다. 시중에 비슷한 가계부 없을까 하여 문방구를 다녀보았는데, 마음에 드는 게 없다.

망설이다 결단을 내렸는데, 직접 만들어 보리라. 먼저 적당한 크기의 노트를 구매하였다. 매장마다 월별 구분하여 줄을 긋고 부록으로 행사 계획표며 수입 지출 집계표 그려 넣고, 표제글자 '2012 가계부'를 컴퓨터에 쳐 표지 상단에 알맞게 오려 붙이니 훌륭하다. 공력은 들었지만, 군더더기 하나 없고 마음에 쏙 들어 왜진즉 이런 생각 못하였을까. 이처럼 조금만 생각 달리하면 되는 것을…,

나는 가끔 듣고 사는 말이 있다. 가계부는 주부가 쓰는 것이지 어찌 남편이 쓰느냐고, 이에 대해 내 나름의 변인데, 아내는 기록엔 관심이 적고 찬찬히 챙겨 적 덜 못하는 편이다. 40년 넘게 써 온 가계부이건만 대충 적는 일이 잦고, 몇 주 지나서야 생각난다며 기록하는 일조차도 있다. 기록의 의미 없지 않은가. 더구나 난 기록으로 시작하여 기록으로 끝이 나는 일상을 보내고 있다. 일지(日誌)며, 병력(病歷)이며, 심지어 신문 스크랩에 이르기까지 어느 하루 거르는 일이 없어, 혹시나 기록 강박에 별난 인생 아닌지 돌아본 적이 다 있다.

무료할 땐 지난 가계부를 들추어 볼 때가 있는데, 시대상황이 담겨 있고 가족사가 담겨 있어 얼마나 값지고 소중한지 모른다. 오랜 것일수록 감명 깊게 크게 와 닿는다. 참고로 1970년도 기록내용인데, 두부 15원, 라면 20원, 우동 60원, 이발 80원, 자전거수리 50원, 전화 25원, 전구 30원, 잉크 50원, 연탄 50장 1,000원, 고무신 120원, 영화 50원, 전별금 100원, 기저귀 고무줄 10원, 고약 20원, 회충약 80원. 어느덧 40년 훌쩍 넘긴 세월, 바로 이게 우리 가족 생활상이자 시대 상황이 아니고 무엇이겠는가.

그런데 주변에서 보면 평생 가계부 쓰지 않았단 이 있고, 설령 쓴다 해도 끈기 있게 쓰질 못하고 중도에 그만두어, 오히려 어찌 쓰고 있느냐며 반문하는 이까지도 있다. 수입보다 지출이 많아 쓸 가치 없다는 이조차도 있는데, 그럴수록 기록을 통하여 적자 가계가 안 되도록 검토 보완하여 다져나가야 하는 것 아닐까.

가계부 구매과정에서 느낀 건데, 종이 가계부 발행의 필요성이 종전 대비 적어졌다고 한다. 엑셀형식의 가계부와 인터넷 가계부 등 다양한 방식이 있어 기호 따라 선택의 폭이 넓어졌기 때문인데, 각기 장단점이 있어 어느 방식을 들어 권장하긴 어려울 것 같다.

엑셀이나 인터넷은 비밀이 보장되고, 보관상의 불편이 없으며, 결산하기 좋고 통계도 다양하게 볼 수가 있어 신세대들이 애용한다고 들린다. 반면 내용 하나 기록하자고 컴퓨터를 켜야만 하고 컴퓨터를 조작하는 수고에다 전력마저 소비되니 비효율에 번거로움이 크리라.

나는 나이 들고 습관 탓에 종이 가계부만을 선호하는편인데, 무엇보다 기재하기 쉽고 아무 때고 들추어 볼 수 있으며, 참고사항까지 곁들여 일지역할까지 겸하니 여간 도움이 되는 것 아니다.

활용도도 나이 따라 변화를 겪어왔다. 현직 시절엔 박봉에 가정을 꾸려가느라 가계운용 면에 비중을 두고 활용했다면, 퇴직 이후엔 삶의

질 향상을 위해 가계부를 정리 활용하고 있다. 이제 가정의 짐 다 털어버리고 부부만 달랑 남아 남은여생, 여유 있는 삶은 무엇일까. 지난 세월 가족부양에 얽매이어 사느라 마음뿐이었던 외국여행이며, 취미활동이며, 세상살이에 더욱 관심을 가져 보는데, 어느덧 70대 중반 나이, 요즈음 들어 부쩍 관심은 건강이지 않은가 싶다. 나이 따라 서서히 무너져 내리는 건강. 갈수록 비중을 더해만 간다. 그러고 보니 가계부야말로 내 삶의 지킴이요, 가족사에다, 가치요, 미래이지 않은가 생각든다. 이 삶 다하는 날까지 적고 또 적으리라. 또 다른 기대인데, 후대를 위해 이만한 기록유산도 있을까 싶지가 않다. 인간사 위대한 발전도 계승도 기록문화의 결과요 산물이 아니던가.

(2012. 8. 문학의 뜰 제2호)

대학병원 검진의 허(虛)와 실(實)

11년 전 녹내장이 발생하여 장기간에 걸쳐 진료를 받은 적이 있다. 등산 날 과로와 과음 탓이었던지, 밤사이 눈알이 빠질 듯 격통과 뒷목이 당겨 오는데다 두통에 구역질까지 일어 잠을 이룰 수가 없었다. 날이 밝기를 기다려 동네 안과병원을 찾았는데, 결과는 녹내장이었다. 처방 받아 내복약을 복용하고 점안을 하였지만, 차도가 없다.

다음날 다시 찾은 곳은 전주 예수병원이었는데, 의사가 명의였던지 서둘러 갔지만, 복도 가득 메워 들어설 틈이 없다. 오전 내 기다렸지만, 차례가 오질 않는다. 충혈된 눈에 두통과 구역질을 참아내느라 얼마나 고역이었던지, 눈여겨 주던 간호사의 배려로 겨우 순번 받아 의사 앞에 앉았다. 의사는 급성 녹내장과 포도막염이 동시에 왔다면서 놀라운 표정을 짓는다. 증세가 얼마나 위급하였으면, 조금만 늦었어도 큰 낭패 볼 뻔 하였다며 바로 수술실에 들어 레이저 시술을 받았다. 다음날은 공휴일이었지만 진료 받을 수 있도록 각별 조치해 주었고 그 덕에 점차 차도를 보여 일상에 젖어들 수가 있었다.

기이했던 건 첫날의 안과병원이었다. 검진 결과 약 처방만 해 주었을 뿐 단 한마디 증세에 대한 설명이라곤 없었다. 병원 문을 나서며 궁금하여 간호사에게 문의하니 그제야 급성녹내장이라고 한다. 얼마나 충격이 컸던지, 의사는 그토록 위중한 병을 아무런 설명 없이 약 처방만 하면 되는 것이었을까. 의사라고 다 같은 의사가 아니로구나, 의문 들어 오랜 세월 흘렀건만 지금껏 고개가 갸웃 뚱 해 진다.

그로부터 얼마동안 잊고 온 세월, 하루는 잠자리에서 일어나니 눈이 심히 충혈되어 있고 불쾌감마저 들고 침침하다. 바로 안과의를 찾았는데 포도막염이라고 한다. 10년만의 재발이었는데, 안압은 정상치의 두 배 이상 올라 51을 가리키고 있었다. 병상에 누워 안압 긴급 조치를 받아가며 안정을 취한 후 내복약과 안약 처방을 받았다. 그 후 지성으로 약 복용하고 점안을 하였건만 호전 기미가 없다. 의사는 포도막염이 악성으로 와 그렇다며 갈수록 약 가짓수와 점안횟수를 늘려가며 처방을 해 주었는데, 부작용 탓인지 손발이 트고 피부가 가려워 잠을 이룰 수가 없었다.

서울대학병원을 찾은 것은 그로부터 한 달여 만인 지난해 10월 하순, 전주에서 새벽차로 예약시간 맞추느라 서둘러 내 달려갔다. 안과의는 P 교수, 지참해 간 진료소견서를 확인하고는 곧이어 검진을 하더니 원인을 규명해야 한다며 검사항목을 일러준다. 바로 '혈액검사', '유전자검사', '흉부 단순촬영검사'였다. 원인은 홍역, 매독, 결핵, 퇴행성관절염, 알레르기 반응 등이라면서 여러 면에 의문점을 두는 것 같았다. 검사실을 돌아 나오는 데는 약 1시간쯤이나 걸렸고, 병원을 나와 인근 약국에 들려 약을 지었는데 첫날 일정은 그렇게 끝냈다.

그 이후 1~3주 간격으로 여러 차례 더 병원을 찾았는데, 그 뒤부터는 진료는 통상적인 수준이었을 뿐 각종 검사에 비중을 둔다. 병인(病因)을 찾아야 원인 치료가 되고, 원인 치료를 해야 재발방지가 된다는 것이었다. 문제는 원인 규명이 쉽지 않은 데 있었다.

두 번째 방문 날부터는 녹내장 증후까지 추가되어 검사항목이 늘었는데, 1차 검사하여 규명이 안 되면 2차 검사를 시행하고 그도 규명이 안 되면 3차 검사하는 방식으로 진행되어 갔는데, 그 절차 따라 받은 검사가 포도막염은 첫날 내용 이외에도 '객담 검사'와 'CT 검사'였고, 녹내장은 '망막 단층촬영', '시신경유두입체촬영', '망막 신경 섬유층촬영검사'와 '자동시야검사'였다. 결과는 모두 이상이 없단다. 그 과정이 무려 4개월. 안과의(眼科醫)도 포도막염과 녹내장으로 분리되어 있어 진료일자도 각각 달랐는데, 그 탓에 통원 기간이 길었다.

이해 불통이었던 건, 예약은 늘 오전 이른 시각으로 지정하여주고도 검진은 으레 두 시간여씩이나 늦어져 기다리기가 지루하였고, 지방 환자에 대한 배려라고는 전혀 없었다. '자동시야검사' 한 종목에 단 15분 걸릴 테면 굳이 날짜별도 지정하여 오라 할 것 뭐 있는지, 오전 검진 중에 'CT 검사'를 받으라 하여 시간 배정을 받았는데, 19시로 지정하여준다. 갈 길 멀어 시간 앞당겨 주도록 간청하였건만 아랑곳하지 않는다. 처음엔 환자 밀려 그런 줄 알았는데, 오후 내 기다리다 시간 가까워져 촬영실에 당도하여 보니 텅 비어 있지 않은가. 이럴 테면 상황 보아 진즉 촬영하고 가도 되었을 것을…,

진료시간은 길어야 채 3분, 의사는 검진 실에 들어도 모니터 기록사항부터 보기 바쁘다. 때론 묵례를 보내도 건성일 뿐 반사경 두른 채 바로 진료에 들어가는데, 교감 없고 썰렁하다. 지방사람 3분 진료받자고 하루 품을 버린다더니 실감이 간다. 우연히 진료실 입구에 나붙은 오전 중 진료 예정자 명단을 보니 80여 명이나 되었는데. 2~3분씩 만해도 꼬박 세 시간은 걸릴 것 같다. 그러고 보니 너무 과중한 진료행위가 아닌가. 더하여 녹내장 전문의한테는 정밀기기검사결과에 대하여 아무런 설명 없이, 단지 초기 단계이니 3개월마다 다시 받아보라는 말을 혼잣말처럼 들려준다. 검사비용도 거의 환자 부담이 되어 컸는데, 기대 가득 안고 찾았던 대학병원, 조금은 공허하다. 체험을 통하여 별러하고 싶은 말인데, 대학병원이 아니라도 믿고 찾아가는 수준 높은 전문병원 키워 갈 수는 없을까. 지방도시에도 대학병원 뛰어넘는 전문병원 열어 갈 수는 없을까.

언젠가 조선일보 의학전문기자가 쓴 칼럼 내용이 '인센티브로 도배된 병원'이었던데, 진료를 많이 하는 의사와 각종 검사, 입원 등 실적 있는 의사에게 성과보수를 준다고 한다. 대학병원을 경험하며 그런가 싶기는 한데, 제발 이점만은 사실이 아니기를…,

병인(病因)을 찾으려는 노력과 방향만은 옳았지 않았나 하여 믿고 싶다. 그러고 보니 우리 고장 단골로 찾았던 안과의(眼科醫)가 새삼 관심이 가고 신뢰감이 간다. 대학병원! 심사숙고할 일이다.

(2012. 1. 문학의 뜰 창간호)

선물

지난 9월 신부님으로부터 고구마 한 상자를 선물 받은 적이 있다. 은퇴신부님이신데, 건강도 좋으시고 유머가 있으시며 은퇴한 지 얼마 되지 않아서인지 주일 미사도 주재하시는 등 활동이 왕성한 분이시다. 아내와는 30여 년 전, 이곳 인후동성당 주임신부로 계실 때부터 맺어진 인연으로 전근 후에도 교우모임에서 찾아뵙는 등 끈끈한 관계를 맺어왔었다. 그날도 신부님은 고구마 고장을 다녀오시는 길이라며 젬마(아내 세례명)씨 생각이 나 가져오셨다고 한다. 나와는 초면이었지만 신부님 이야기는 그간 여러 차례 들어왔던 터라 마치 구면인 양 거실에서 차를 마시며 장시간 담소를 나누다 가셨다. 신부님으로부터 선물을 다 받다니, 자리를 뜨신 후에도 아내와 한참이나 선물 상자를 들여다보며 감희(感喜)에 젖었었다.

그런데 그 기분도 잠시, 다음날 쪄내온 고구마를 보니 상처투성이였다. 썩어 파낸 자리가 마치 화산 분화구인 양 닮아 있었다. 물로 씻어보니 썩은 부위가 드러났고 아내는 그걸 일일이 도려내고 다듬느라 여간 고역이 아니었던 것 같다.

고구마 특성인데 장기보관에 취약하여 16℃ 이상이면 싹이 트고 13℃ 이하가 계속되면 썩는다. 절기로 보아 햇고구마라면 썩거나 변질할 시기는 아니었던 것이다. 결론인데 묵은 고구마였다. 겉면이 황토에 묻혀 있는데다 평생을 사제로만 살아오신 분이 고구마 감식 능력이 있으셨겠는가.

설 명절에 동료로부터 귤 선물을 받은 일이 있다. 그런데 상자를 열어보니 삼분의 일쯤이 곰팡이가 슬고 과즙까지 흘러내린 데다 나머지도 보니 신선도가 거의 갔다. 더 썩기 전에 먹어 치우느라 얼마나 고역이었던지, 20여 년 되었지만, 지금껏 잊히지가 않고 늘 기억으로 남아 있다. 문제는 모르고 구매한 고객보다 상도의가 그것 밖에는 안 되었던지. 가게 주인은 짐작 하고도 남을 상품들이었지 않은가.

또 다른 경우인데, 명절에 옛 직장 후배로부터 받은 선물은 의외에도 무스였다. 처음엔 무슨 크림인가 하여 뚜껑을 열어 내용물을 살펴보고 향내를 맡아 보곤 하였다. 그제야 알았는데, 착각도 정도가 있지, 이걸 선물이라고 보내오다니 의문 들어 어이없어하다가 한참이나 웃었다. 머리 빗어 넘길 처지만 되면 오죽 좋으련만 난 명성 자자한 왕 대머리가 아닌가. 정상두발이라 해도 나이에 맞지 않을 판에 나와는 전혀 소용 안 되는 기물(棄物)이었던 것이다.

현직 시절 선배님께 명절마다 과일 선물을 한 적이 있다. 평소에 호형호제하며 우애 남달랐고 사랑과 관심 주고받아왔던 터라 명절 때만

이라도 보답을 하리라. 과일 상자가 나무상자일 때였고 상품이 겉 다르고 속 다를 때여서 과일 하나하나에 여간 정성을 쏟았던 게 아니다. 매년 과일 상회를 단골로 지정해 놓고 사과와 배를 일일이 골라 15kg 포장하여 선물하였다. 그런데 해가 갈수록 명절은 어찌 그리 자주 돌아오던지, 명절 때면 관련 업무는 어찌 그리 밀려들던지, 대목이라 택시 잡아타기는 어찌 그리 어렵던지, 늦은 시각 퇴근하여 시장 들려 선별 포장하여 방향 전혀 다른 두 선배 댁에 각각 전달하고 집에 돌아오면 으레 자정 가까운 시각이었고 그럴 때마다 몸은 녹초가 되었다. 한번 시작한 선물 중도에 그만둘 수도 없고 더구나 부실한 선물은 아니 줌만 못한 생각에 가벼운 마음으로 시작했던 게 어언 7~8년 세월, 급기야 명절이 두려웠고 곤혹스런 심경이 되었다. 타도 전출기회가 되어 일단락 지었지만, 그 후로는 주변에 선물 보내는 일 여간 심사숙고하는 게 아니다. 지난 추석에도 아내가 그간 신세를 져 온 분이라며 지인에게 선물한다는 것을 극구 만류하였는데, 무엇보다 짐이 되어 돌아올 게 뻔하고, 자칫 연례행사로 발전할까 우려되었기 때문이었다.

주고받는 즐거움에 때 되면 은근히 기다려지던 시절 있었고 사람 노릇 해 보겠다며 목록 적어 챙겨 들던 시절 있었다. 그런데 선물에 대한 관심도 나이 따라 변하고 체력 따라 변하는지, 자가용마저 없어 이젠 손수 챙겨 들기가 벅차다. 아내는 선물 꾸러미 꾸릴 때면 허약한 체력을 핑계 삼아 날 대동하려 들고 그럴 때마다 목적지까지 동행할 때 있는데, 난들 어찌 힘이 부치지 않겠는가. 그럴 때면 선물의 의미를 되돌아보고 무슨 좋은 방법이 없을까 생각해 보게도 되는데, 불현듯 지나온 사례가 생각난다. 동료 간에 오가는 번잡 더는 않기로 약속하고 부부끼리 자리 마련하여 친목을 갖자며 제의 결과 흔쾌히 동의하여 정례화 모임으로 발전하였는데, 번거로움 덜어서 좋고 친목에도 좋아 오랜 세월 유지 해오고 있다. 나는 지금도 아내에게 선물은 최대한 간편한 방법으로 하도록 권유하는 편인데, 이젠 주변 정리해 가며 나이에 맞게 가뿐한 마음으로 살고 싶다.

그런데도 살아가며 받는 가지에 따라서는 반가움 느껴질 때가 있으니, 대문 고리에 상추 한 다발 비닐봉지에 담아 걸어 놓을 때 있고 풋고추며, 애호박 덩이 몇 개 담아 걸어 놓을 때 있다. 대부분 공터에 가꾸어 생산한 푸성귀를 나누어 먹으려 집에 찾아왔다가 아무도 없자 걸어 놓고 간 것들인데, 대개는 누구인지 짐작이 가고 종래에는 밝혀지기 마련이지만, 때론 누가 다녀갔는지 몰라 궁금증으로 몇 날을 보낼 때도 있다. 이 소박한 인심에 지나온 세월 되돌아 보며 우리네 삶을 통하여 선물의 단초가 아니었던가 싶은 생각이 들어 감사의 마음과 아울러 사는 맛 느낀다.

이제는 받는 선물, 물품보다 현금이 좋다고들 한다. 친구 간에 하는 말이고 주로 자녀로부터 받는 처지가 되어 하는 말들이지만, 시대 발전만큼 변화되어 온 선물 세태를 느낀다. 실은 삶 속에 선물만큼 감사와 정감의 표시도 없으리라. 선물만큼 교감이 크고 오래오래 기억되며 윤기 흐르는 삶도 없으리라. 일부는 뇌물이 되어 위화감 크고 지탄사례 있지만, 선물! 크다고 좋은 것 아니다. 능력에 맞고, 지나침이 없으며, 정성이면 충분하고, 무엇보다 받는 이의 처지를 고려 할 일이다. 지금이야 축일 많은 세상이고, 연말연시에 연인 간 선물이며, 유치원생마저도 생일잔치에 선물 보편화 된 세상 되었지만, 살기 바빠 메마르고 야박함도 있어 거칠어져만 가는 심성 느낀다. 바라건대 살아가는 인심 선물인심만 같았으면…,

(2011. 3. 자유문예 제32호)

이달에 만나야 할 지인들

나의 월간 계획표에는 여백에 버릇처럼 적어 놓는 게 있다. '이달에 만나야 할지인들' 인데, 이번 9월에도 보니 다섯이 적혀 있다. 그중 셋은 만남이 이미 약속이 되어 있고 둘은 평소 지내온 정의(情誼)로 보아 기대감에서 기록을 해 놓은 분들이다. 그 중에도 관심은 만남이 이미 약속된 분들인데, 벌써 몇 번째나 미루어져 왔다. 더는 미룰 수 없기에 남은 일정을 보니 마땅찮다.

석 달 전 옛 직장 후배 P 씨로부터 자정 가까운 시각에 전화를 받은 일이 있다. 뜻밖에도 43년 전 직장 초년시절 하숙집에서 맺어진 L 씨 이야기였는데, 밤늦도록 둘이서 술잔 기울이며 나누던 대화중에 우연히도 내 이야기가 나왔던 모양이다. 당시 장수군 소속 공무원이었던 L 씨! 직장 다르고 너무 오래된 일이라 잊다시피 하였는데, 내 소식에 매우 반가워하더라며, 목소리 듣고 싶다 하여 걸려온 전화였다. 전화 바꾸어 보니 붙임성 있고 활달했던 목소리가 그대로 묻어나 있었다. 그간 변화된 모습을 상상해 보며 반가움에 즉석 만남 약속이 이루어졌는데, 어느 사이 석 달째 되어간다.

직장 떠나 살아온 지도 어언 11년, 퇴직하고 나면 매사 거침이 없고 자유로워 맘먹은 일이면 뭐이든 되는 줄로만 알았다. 그런데 그게 아니었다. 새로운 삶의 여정에 젖어든 것이다. 나의 주요 일상인데, 건강관리며 신문이며, 인터넷, 독서, 등산, 모임, 글쓰기 등 많다.

먼저 건강관리인데, 나의 일과는 걷기운동으로 시작하여 걷기운동으로 끝을 맺는다 해도 과언이 아니다. 계절 불문하고 조석으로 아내와 함께하는데, 그 탓에 건강유지는 물론 퇴행성관절염에서도 벗어나게 되었다. '걸으면 살고 누우면 죽는다.'더니 절로 실감이 가고, 걷기는 이제 어느 하루 빼놓을 수 없는 건강생활 지킴이 역할이 되고 있다.

다음은 신문인데, 나의 신문에 대한 관심과 호기심은 유별나다. 특이기사는 밑줄까지 쳐 가며 읽는다. 특종기사라도 있는 날이면 거의 오전을 보내는 일까지도 있다. 공군 복무 땐 오락실에 비치된 신문마다 뒤척여가며 스크랩을 하였는데, 흘러간 세월 50여 년, 당시의 어려웠던 시대상황을 되돌아보는 데 얼마나 큰 도움이 되는지 모른다. 대부분 지식과 세상의 흐름을 신문에서 얻고 있다.

노년기 들어 변화의 중심은 뭐니 뭐니 해도 컴퓨터가 아니었든가 싶다. 활용가치는 아무리 강조해도 부족함이 없으리라. 퇴직하고서야 배운 컴퓨터가 이제는 어느 하룬들 열어보지 않고는 궁금하여 배겨낼 수 없는 일상이 되고 있다. 그간 이메일교류는 열 명쯤 되고 그중에는 매일이다시피 보내오는 지인도 있는데, 사진과 동영상을 통해 아름다운 세상을 보고 느끼며 때론 희귀한 자료에 희열을 느낀다. 카페활동도 빼놓을 수가 없는데, 그 중 가족카페의 소중함은 어찌 글로 다 표현할 수가 없다. 자녀와 멀리 떨어져 살지만 마치 한 지붕 아래 가족처럼 오붓한 느낌에 우리 가족 한마당이 되고 있기 때문이다.

모임은 모두 12개인데, 각기 특색이 있고 성격이 달라 관심 많고 애착이 간다. 그 유형인데, 퇴직자모임, 동기모임, 직장 장모임, 동문모임, 동네모임, 등산모임, 문인회 등으로 대별되고 그중에도 매주 하는 등산모임은 삶에 더없는 활력이 되고 있다. 숲 속에서 나뭇잎 사이사이로 드러나 보이는 파란 하늘의 오묘함이며, 계곡의 물소리와 바람소리, 지저귀는 새소리는 언제 들어도 경쾌하고 청량감 들어 좋다. 속세 떠난 해방감에 여유롭고도 넉넉하다. 도량(度量) 또한 넓어지니 호연지기(浩然之氣)가 따로 없지 싶다. 모임이야기이지만 한 시대를 어울려 살아온 발자취요 흔적이지 않은가 싶어 늘 감사의 마음 들고, 두터운 교분 느낀다.

다음은 독서인데, 안중근 의사어록 중에 "일일불독서구중생형극(一日不讀書口中生荊棘)" 즉 "하루라도 글을 읽지 않으면 입안에 가시가 돋는다."라고 하였다. 독서의 깊은 뜻을 이보다 더 적절히 함축해낼 수는 없으리라. 책은 여건상 꼭 읽을 책만을 구매하여 보는데, 한번 구매한 책은 다 읽어야만 직성이 풀린다. 전에는 광고에 난 책이면 구매부터 해 놓고 본 일도 있었는데 욕심이었을 뿐 책장에 그대로 꽂혀 있어 이젠 책 선정에 신중을 기하고 있다. 주변에서 보내오는 책도 꽤 되어 틈틈이 읽지만, 늘 빠듯하여 머리맡에는 늘 읽을거리가 십 여 권씩 이나 놓여 있다.

맨 나중에 얻은 취미는 글쓰기인데, 60대 중반 되어서야 눈을 떴다. 글을 쓰며 컴퓨터 유용성에 무한히 고마움을 느낀다. 컴퓨터가 아니었던 들 글쓰기는 엄두조차 낼 수 없는 일이었기 때문이다. 그로부터 얼마 후 자유문예 신인작가 공모에 올린 글이 수필분야에 당선되었는데, 이제 보니 꿈인가 생시인가 싶다. 기초소양 없이 쓴 글이었기 때문이다. 그 이후로는 쓴 글마다 아내에게 먼저 독후 평을 받아 보는데, 이 글도 아내가 보더니 "수필인지 보고서인지 헷갈린다."라고 한다. 듣고 보니 그러하여 글쓰기 능력은 어찌 키워야만 할지. 갈 길 멀고, 갈고 닦아야 할 길 아닌가, 느낀다.

'직장 장모임'에 번역을 열심히 하는 회원 있다. 일본 책을 번역하는 C 박사인데, 지난 모임 날, 번역 중인 한방서적을 교정을 보아주었으면 좋겠다고 한다. 전에도 몇 번 이메일로 보내온 일이 있어 교정을 보려니 꽉 짜인 일정에다 시력까지 나빠 쉽지 않았기에 즉답 대신 어물쩍 미소로만 넘긴 일이 있다. 주말이면 가족행사며, 불시에 날아드는 애경사는 또 얼마인지. 이 모든 게 살아가는 모습이고 과정이겠지만, 이 나이에 내 생활에 너무 바삐 서둘러 사는 인생 아닌가를 돌이켜 보면서, 언젠가 본 신문 '현명한 노년' 제하의 글 속에 '이제는 편안하고 심심하게 살고 싶다. 부지런 떨며 시간에 쫓기며 살고 싶지 않다.'라는 원로작가 박완서의 한 말이 심중에 와 꽂힌다.

노년기의 활력을 위해서는 이색 모임이 좋다던데, 그런데도 정기 모임 친구 아니면 미처 관심 둘 새 없고 본의 아니게 밀려난다. 이달 '만남 약속한 지인'은 어차피 더는 미룰 수 없는 상황 되었지만, 자작 기대차원에서 적어놓은 지인은 어찌해야 할지. 달 넘겨 월간계획표 여백에 다시 옮겨 써넣을 일이 망설여진다. 남들은 퇴직하여 봉사활동이며, 종교며, 나름대로 목표하는바 대작을 꿈꾸며 남은 삶에 열심이던데, 난 사소한 일상에 젖어 살기에도 바빠 지인 만남조차 짐스러워지니, 분별 모르는 잘 못 아닌지, 그러나 내가 좋아 사는 일상이요 내 취향 찾아 스스로 사는 인생임을 어쩌랴. 이 모든 게살아 있다는 징표요 사는 보람이지 않을까 자위를 해 보면서, 문뜩 경영학자 피터 드러커의 한 말 생각이 난다. "인간은 호기심을 잃는 순간 죽는다."

(2010. 11. 자유문예 제31호)

통신표

지난해 가을 부친 제사 모시러 고향에 갔을 때인데 집안정리를 하시던 형님이 부르는 것이었다. 귀한 자료라며 건네주어 받아보니 뜻밖에도 내 초등학교 6개년 간의 통신표였다. 첫눈에 볼품없는 지질에 일부 모서리 닳아 찢어지고 바래있어 자칫 손상될까 조심조심 받아들었다. 겉면을 보니 1학년은 성적표, 2학년은 통신부라 되어 있고, 3 · 4학년은 통지표, 5 · 6학년은 통신표로 각각 표기가 되어 있다. 지질과 서식도 학년마다 달랐는데 8 · 15 해방과 육이오전쟁을 겪어 오느라 궁색했던 시대상황이 그대로 드러나 있었다. 1학년 성적표 기록연대는 단기 4280년 7월19일, 햇수로 만 63년 되었는데, 그날이 바로 1학년 수료 일이자 여름방학 날이었던 것이다. 당시 새 학년 시작은 9월, 초등학교 입학을 앞두고 구두시험 대비하느라 주소와 나이, 성명, 호주 이름을 외웠는데, 나는 일찍 아버지를 여의었던 터라 작은아버지 성함으로 대신 외우던 생각이 난다.

통신표를 보노라니 만감이 교차한다. 관심은 보관 경위인데, 내가 육이오전쟁을 맞은 것은 초등학교 5학년 때였다. 전황이 다급하여 피란

길에 올랐는데, 처음 피란을 간 곳은 읍내 변두리 인삼밭의 원두막이었고, 나는 그때 교재와 책 가지를 챙겨 나와 원두막 밑 땅굴에 보관해 놓았었다. 인민군이 들이닥치자 폭격으로 읍내는 삽시간에 불바다가 되었다. 그날 밤 살 길을 찾아 논두렁 방천길을 더듬어가며 외가를 찾아 갔는데, 다행히 외가식구들을 만날 수 있었고 곧바로 새벽이슬 젖어가며 심산유곡으로, 다시 벽촌으로 옮겨 다니며 피란생활을 하였다. 생명 부지하느라 어디 보관 품을 돌아다 볼 겨를이나 있었던가. 수복 되어 잿더미 위에 임시거처를 마련하여 짐을 옮겨 왔는데, 눕기조차 힘든 좁은 공간에 미처 챙겨 볼 수도 여력도 없는 삶을 이어왔었다. 이제 되돌아보지만, 평소 어머니의 꼼꼼하시던 성품 말고는 달리 보관 경위를 설명할 길이 없을 것만 같다. 전쟁 중에 살아남은 건 간단한 가재도구와 내가 가지고 나온 책이 전부였으니 그때 책갈피에 성적표를 고이 챙겨 나왔었던가 보다.

또 다른 관심은 상장이었다. 5 · 6학년 때의 우등상장이었는데, 그 중 6학년 때의 성적은 68명 중 6등으로 되어 있다. 그게 내가 전 학년을 통하여 거둔 최고의 성적표였다. 중 · 고 시절에는 우등상은 고사하고 뒤따라가기 바빴다. 중학교 때부턴 시험 날이 되면 담임선생님은 으레 공납금 미납자부터 불러 세웠다. 다 부르고 나면 집으로 돌려보냈다. 공납금을 챙겨오라는 의미였는데 어려운 형편에 집에 와 봤자 달리 대책이 없었다. 그럴 때마다 밤샘한 보람은 없고 의욕은 멀어져 갔다. 중학교 졸업장을 받고 나온 것만도 여간 다행한 일이 아니었다. 고교 진학은 아예 접고 곧바로 고향을 떠나 전주에서 점원생활을 하였다. 1년 3개월쯤 되었을 때인데 편지가 날아왔다. 어머니가 보내주신 뜻밖의 사연(辭緣)이었는데 농고에 편입 준비를 마쳤으니 즉시 떠나오라는 것이었다. 뒤늦게 알았는데, 주변의 도움으로 특례입학 절차가 되었던 것이다. 새 학기가 시작된 지도 3개월이나 지날 즈음이었고, 입학금은 정규 입학금의 절반인 16,000환(圜)에 파격적인 우대를 받았다. 그렇게 시작한 학업이었건만, 중학교 시절과 크게 다를 바가 없었으니 시험 때면 공납금 미납으로 또 불려 나갔고 그 탓에 결시(缺試)를 하고, 꿈도 없고 기대감도 없이 보낸 고교생활이었다. 드디어 졸업식 날, 졸업장은 받지를 못했다. 원인은 공납금 미납이었는데, 그 탓에 나는 고교 수업기간 2년 9개월에 졸업장 없는 졸업을 하였다.

그러니 공부다운 공부를 해 본 적 없고 뇌리에 남은 것 별로 없다. 그래도 기억에 남는 게 있으니 초등학교 시절이었다. 5 · 6학년 때 담임은 유정호 선생님이었다. 연속 2년간 담임을 맡아주셨는데 인자하시고 열성적이셨다. 나는 키가 작은 탓에 늘 앞자리에 앉았다. 그 때문이었을까. 눈길을 자주 받았다. 5학년 때 처음으로 한문을 배울 때인데 시험 20문항 출제에 100점을 받은 적이 있다. 공교롭게도 반에서 100점은 나 혼자였는데, 방과 후에 밖에 나갔다가 우연히 교실에 들렀더니 마침 선생님은 한문 채점 중이셨다. 채점 하다 말고 나를 보시더니 손을 내밀어 악수를 청하는 것 아닌가. 어린 마음에 부끄럽고 황송하여 어쩔 줄을 몰라 했던 기억이 난다. 또 한 번은 국어 시간이었는데, 무슨 내용이든 한 주제를 설정하여 글을 써 오라는 과제를 주셨다. 나는 제목을 '책'으로 하여 썼는데 다 받아 검토하시고는 그중 다섯 편을 골라 발표를 시키는 것이었다. 나도 그중 하나였는데, 주제에 맞게 쓴 글이라며 칭찬을 받았다. 내용은 전쟁을 겪으며 피란의 와중에도 책만은 챙겨 나와 화마를 모면하였다는 무용담(?)이었는데, 그 칭찬에 어찌 고무되었던지, 학업에 정진하는 계기도 되었고 의욕도 생겨났다.

드디어 6학년 학기말, 중학교 입시시즌이 되었다. 당시 어머니는 고향을 떠나 중학교 다니는 형 뒷바라지하느라 전주에 계실 때인데, 사범학교를 지원하라며 입학원서를 보내주셨다. 담임선생님께 그 뜻을 말씀 드렸더니 무척 반가워하시며 다른 반에 소문까지 내고 다니셨다. 그도 그럴게 도시유학이 쉬운 시절이던가. 전주 유학이라…, 밤잠을 다 설쳤다. 그런데 며칠 사이 어머니가 고향에 황급히 내려오셨다. 내 진학 문제였는데, 널 전주에서 공부를 시키고 싶었는데 대책이 없으시단다. 그러니 고향에서 진학하라는 말씀이었다. 그런데 그것은 어머니의 의중이었을 뿐 대 분란이 일어났다. 할머니와 작은어머니가 적극 반대하고 나섰던 것이다. 그때까지 작은집과 대가족을 이루어 살던 때였는데, 호구지책도 안 되는 마당에 진학은 무슨 빌어먹을 진학이냐며 막말까지 해대는 것이었다. 그래도 어머니는 '가르쳐야 한다.' 두 분은 '절대 안 된다.' 시비가 벌어졌고 결말이 없자 삿대질이 시작되더니 급기야 주먹다짐으로 발전하였다. 어머니는 할어머니의 주먹세례를 맞받아칠 수는 없는 일이지 않은가. 작은어머니는 이때다 싶어 온몸으로 밀어붙이고 옷자락을 사정없이 잡아 뜯고 끌어당기고 하였다. 어머니는 속수무책으로 당할 수밖에 없었는데, 속곳이 다 벗겨지고 하체가 드러나는 상황까지 되었고, 나는 뜻밖의 상황에 놀라 울고불고 발만 동동 굴러댔다. 그게 원인이 되어 더는 같이 살지를 못하고 분가하게 되었는데 나의 중학교 생활은 그렇게 출발하였다.

다시 담임선생님 이야기인데, 준수한 용모에 인자하신 데다 과외 지도까지 열과 성을 다 해주셨다. 전쟁 중이라 책걸상도 없고 전깃불마저 없는 교실에 전선을 늘여와 백열전구시설까지 손수 하시며 지도를 해주셨다. 한번은 바깥바람 쏘이자하여 급우 셋이 뒤따라 나선 일이 있다. 방 천 길을 따라가서 보니 농고 뒤편 야외 참외밭이었다. 원두막에 올랐다. 땀이 채 가시기도 전이었는데, 선생님은 참외를 손수 골라 와 안겨주시는 것 아닌가. 감미로운 향기와 포만감에 젖어보면서, 사랑과 온정에 목이 메고 감복 했었던지. 평생을 통하여 잊을 수 없는 추억이 되고 있다. 돌아올 땐 봇물에 뛰어들어 더위를 식혔는데, 개구쟁이가 되어 물장구치고 헤엄치고 하면서도 슬금슬금 선생님 벗은 모습 훔쳐보던 생각이 난다. 선생님으로부터 인성을 배우고 헌신적인 가르침에 자신감과 우등상장 받는 영예까지 안았으니 어찌 그 크신 은혜 잊을 수 있을까.

어머니는 살아생전 고향을 찾을 때마다 나에게 입버릇처럼 하시던 말씀이 있었다. 못 먹이고 못 입혀 미안하고, 난쟁이 될까 조마조마하였는데 이만큼나마 커 준 것이 고맙고, 무엇보다 쬐금 가르쳐 놓았더니 말글로 풀어먹는다며 대견해 하셨다. 내 놓을 것 없는 삶이건 만, 그래도 어머님은 93년 살아오시는 동안 아들을 성공한 인생으로 여기셨고 늘 감사의 마음과 함께 아들네를 통하여 청상과수로 살아오신

보람을 느끼셨다. 이젠 모두가 흘러간 이야기, 어머님도 선생님도 다 떠나시고 뵈려야 뵐 수도 없고, 불러보려야 돌아올 메아리조차 없다. 이 글을 쓰노라니 새삼 애틋한 마음 들고, 그 깊은 사랑과 깊은 은혜에 눈물이 절로 난다.

아~~그리운 어머님! 그리운 선생님!

(2010. 8. 자유문예 제30호)

오무 자찬(五無 自讚)

우리 집에는 없는 세간이 많다. 에어컨을 비롯하여 정수기, 소파, 식탁이 없다. 자가용도 없는데, 청소기는 벌써 오래전 사용하기 번거로워 내다버리려던 것을 아까웠던지 아들가족이 쓰겠다며 가져간 일이 있다. 후에 큰딸이 소형을 구입하여 가져다주었는데, 이마저 특별한 경우가 아니면 잘 쓰지를 않는다. 그 탓에 집안에 들어서면 거실 모습 휑뎅그렁하다. 남의 집 방문하고 돌아오는 날이면 더욱 그런 걸 느낀다. 어떤 이는 와서 보고는 거실이 넓다며 혼잣말처럼 하는데, 이내 그 이유를 알아차리고 만다. 남들이 다 갖추고 사는 세간이 없기 때문이다. 그런데 돌아보면 이 모든 것이 생활의 편익을 위해 만들어 놓은 가정용품들이지 않은가.

내 소신이자 방침인데, 없는 세간은 대부분 덩치가 있고 공간잠식이 큰데 비하여 쓰임새는 그만 못한 것들이다. 에어컨만 해도 그렇다. 달랑 부부만 사는 집에 쓸 일이 몇 번이나 있겠는가. 앞뒤 터진 아파트 구조가 되어 창문 모두 열어 놓으면 웬만한 더위쯤은 견디어 낼 수가 있다. 좀 덥기로서니 가벼이 걸치면 되고 선풍기 있으니 더할 나위 없다. 샤워하고 젖은 몸 선풍기 바람 앞에 서면 살갗을 파고드는 쾌감에 삼복더위 절로 사는 맛 느낀다. 에어컨 탓에 감기며, 냉방병 앓는 이마저 많은 터에 자녀가 구매권까지 갖다 주고 몇 번이나 권유 받았지만, 사양 하였다. 다음은 소파인데 구색 맞춰 놓자니 거실 공간이 비좁고, 한두 개만 놓자니 마음이 내키지 않는다. 가끔 겪는 일이지만 방문객 여럿일 땐 좌석 분위기 어색해지려니와 소파에 앉아 다리 꼬고 흔들기라도 하면 그렇게 보기 흉할 수가 없다. 아예 없으니 신경 쓸 일이 없으니 좋다. 망설였던 건 식탁인데, 주방 삼면을 붙박이장 시설을 하여 부득불 중앙에 놓일 수밖에 없는 구조로 되어 있다. 그 탓에 놓일 자리 어중되려니와 외식 잦고 이용 빈도 낮은 터에 공간 버려가며 살 일이 아니다. 끝으로 정수기인데, 대용 차(茶) 흔한 세상, 굳이 정수기 아니래서 건강상 안 될 일 있던가. 여과기며, 주기 맞춰 청소 신경 쓸 일 없고 놓일 자리 걱정 없으니 일거다득 아닌가.

그런데 이처럼 나름의 생활방식에 젖어오기까지는 무엇보다 성격 탓이지만 지나온 세월, 궁색 했던 주거환경 영향도 큰 것 같다. 평소 깔끔하고 정리정돈을 좋아하여 널브러진 모습은 좀체 두고 볼 수가 없다. 나의 매사 우선순위는 정리 정돈이다. 어지러운 환경에서는 어떤 일도 잘 수행(遂行)이 안 된다. 스스로 유별나다 싶어 고치려 해보지만 그때뿐이다. 그런데 정리 정돈도 여건이 갖추어졌을 때라야 제 빛깔이 난다.

내가 육이오 전쟁을 맞은 것은 열두 살 때였다. 수복되어 잿더미 위에 담집을 지어 살 때였는데 단칸방에 부엌은 거적을 매달아 살았다. 그 협소한 주거 공간에, 추수 때가 되면 나락가마니 들이랴, 고구마 저장하랴, 오색 잡곡을 거두어 들였다. 곳간을 겸한 셈이었는데, 잠자리 어떻게 비좁던지, 쥐는 어떻게 들끓던지…, 주야로 나락 까먹는 소리, 고구마 갉아먹는 소리, 때론 싸우는지 찍찍거리고 난리를 쳐도 도리가 없었다. 자고 일어나 비질을 하면 쓸려 나오는 건 쥐똥이었다. 정리정돈을 하려 해도 어찌 해 볼 수 없는 상황이었다. 무려 8년여 세월, 으레 겨울 한철은 그렇게 났다.

제대하고 공직 초년시절 전출발령을 받았을 때인데 방 구하기가 어려워 남원에서 새 임지 오수까지 한 달 넘게 출퇴근하던 생각이 난다. 비포장 자갈길 먼지는 어떻게 많고 교통편 이용은 어찌 그리 불편하던지 출퇴근길이 마치 전쟁이나 다름없던 시절이었는데, 그 후로도 자녀가 셋으로 늘어나 있었건만 전보 때마다 단칸방 신세는 면치를 못했었다. 사정이 그러하여 방안은 온통 잡동사니로 넘쳐났고 정돈이라고 해 보지만 주변 환경은 늘 어지러웠다.

객고의 생활 10년째, 비로소 내 집의 큰 소망을 이루었는데 주공아파트 13평, 그런데 그 기쁨도 잠시 자녀가 취학하면서부터는 점점 늘어나는 살림을 감당해 낼 수가 없다. 다시 17평으로 넓혀갔지만 비좁기는 매 한가지였던 것이다. 그러다 50대 초반에 이르러서야 지금의 집으로 이사하였는데 122㎡ 아파트(37평형), 구 건물이어서인지 전용면적은 꽤 넓은 편이다. 그런데도 집 크기 맞춰 살림은 어찌 그리 하루

가 다르게 늘어나던지…,

세월여류라더니 내 달려온 50대 후반기 인생, 자녀 출가(出嫁) 시작인데 큰딸 보내놓고 피아노 실려 보내고, 둘째 딸 출가시켜 서예대 실려 보내니 숨통이 트일 것만 같다. 더하여 아들 장가보내놓고 침대마저 치우니 놓인 자리 개운하다. 내친김에 집 개축을 하였는데, 일부 붙박이장 설비에 자질구레한 살림 다 없애고 보니 막혔던 가슴이 다 뚫린다. 이 얼마만인가. 이젠 살림 장만할 일 없으려니와 누가 그냥 준다 해도 아니 들이리라. 근래 들어 헬스용품 구매 권장 자주 받지만, 전혀 관심 두지 않는다. 하나 들여 놓으면 하나 버리는 걸 원칙으로 하고 있다. 세간이 없으니 비질을 하여도 거침새가 없어서 좋다. 더하여 마음 가벼우니 이 아니 좋은 일인가.

망설였던 건 승용차였다. 가질 것인가 말 것인가 관심은 반반 이었는데, 끝내 포기했던 건 없어도 그리 큰 불편 느끼지 않을 것 같아서였다. 관리하랴, 안전운행 하랴, 환경오염에, 고유가까지 겹쳐 에너지 절약형 삶이야말로 가정경제와 나라 사랑 길이 아닌가. 주차 공간마저 모자라 불법주차 많고 시시비비 자주 이는 터에 양보이자 보시(普施)이지 않은가 생각이 든다.

법정스님의 어록인데,

"무소유란 아무것도 갖지 않는 것이 아니라 불필요한 것을 갖지 않는다는 뜻이다. 무소유의 진정한 의미를 이해할 때 우리는 보다 홀가

분한 삶을 이을 수가 있다."

이야기가 빗나가지만, 오늘도 인터넷 보관함에 쌓인 글을 덜어내고 비워내니 남은 글이 알토란 같이 더 값지고 참 생명력을 느낀다. 생활 속에 묻혀 털어도 될 기억이나 잔재는 얼마나 많은지, 공연한 일에 너무 바삐 설쳐대며 사는 건 아닌지, 곰곰 돌아보며 바로잡을 일이다. 잡동사니 늘어놓고, 겹겹이 걸어 놓고, 천장 높이 쌓아 올린 주거 환경에서 이제 매우 큰 변혁을 이룬 셈인데, 그래서 뒤늦게나마 여백에 빠져 사는 즐거움을 느낀다. 오무 자찬이라! 내 멋에 겨워 사는 게 인생 아니던가.

(2009. 9. 자유문예 제26호)

존엄사(尊嚴死)

지난 4월6일 자녀가족과 완주군 화산면 '약수가든'에서 식사를 마치고 나오던 중인데 휴대 전화기에서 전화벨이 울렸다. 받아보니 울먹이는 목소리로

'임 소장님이시지요?' (현직 시절 직명)

'예, 그런데요…,'

'안녕하세요?'

'저 ○○씨 딸인데요. 아버지가 전북대 병원 응급실에 입원해 있거든요, ○○씨 전화번호 좀 알고 싶어서 전화 드렸어요.'

'저런…, 나 지금 밖에 나와 있는데 잠깐 끊고 기다려, 찾아서 알려줄게…,'

휴대전화기에 저장된 번호를 찾으려니 답답하고 황망(慌忙)한 생각이 든다.

집으로 돌아오는 길, 차창 밖 풍광 아름답건만 한동안 명상에 잠겼다.

드디어 올 것이 왔구나…,

그 친구 이야기인데, 나와는 전 직장 동기(同期)로 40년 넘게 인연을 맺어 왔다. 훤칠한 키에 갸름한 용모, 유머가 있고 서글서글하여 언제나 보아도 마음 편한 친구다. 현직 시절 같은 사무실에서 두 번이나 근무한 적 있고, 부부모임이며, 등산모임, 퇴직 후에는 연배끼리 퇴직자 모임까지 같이하여, 살아오며 이보다 더 돈독한 인연 있을까 싶지가 않다. 그런데 몇 년 전부터 병원 나들이가 시작되었고 그때마다 들려오는 이야기가 심상치가 않더니 모임 불참하는 일이 잦아졌다. 걷는 모양새마저 종종걸음으로 바뀌어 완전 노인 행색이 되어 갔던 것이다. 그간 병원 신세도 몇 번 졌는데, 이상한 건 병명이었다. 병원마다 병명이 달랐다. 전북대병원에서는 파킨슨병으로 진단이 났는데, 다시 서울 가서 진찰받으니 아닌 것 같다며 다른 처방을 받아 내려온 일이 있다. 놀기 좋아하는 친구, 모임에 자주 빠져 위로 겸 두어 번이나 김제 집을 방문한 적 있었다. 한번은 방문하여 승용차에 태우고 나와 점심을 나눈 후 바래다주고 나오는데 극구 놀다 가라며 붙드는 것이었다. 불편한 몸, 밖에 나와 외식한 것도 벅찰 판에 짐이 될까 우려하여 몸조리나 잘하고 쉬라며 나왔는데, 서운한 빛이 역력하다. 아무려면 환자에게 부담이 되어서야 되겠는가. 시내를 빠져나와 외곽도로 전주 오는 노선에 이미 접어들었는데 그 눈빛이 내내 마음에 걸렸다. 얼마나 서운했으면 그런 모습 보였을지. 의논 끝에 가던 길을 되돌렸다. 집에 당도하여 벨을 누르니 깜짝 놀라 맞이해주는데, 어쩜 그리도 표정 밝고 환하던지 그 모습이 두고두고 잊혀 지지가 않는다. 그 후 늦도록 웃고 즐기다 왔는데 그 친구 모습을 보며 친구란 무엇인가. 나이 들어 친구만 한 자산 어디 또 있는가. 더구나 병상의 친구라니…, 가던 길 되돌려 온 것 정말 잘했구나! 모두 흐뭇한 마음을 담고 돌아왔었다.

그 친구의 딸 전화 이야기인데 뒤에 알았지만, 짐작 한 대로였다. 친구 B는 아들이 의사였기에 연줄로 좀 더 나은 도움을 받을 수 없을까 하여 찾았다고 한다. 아버지 병환을 위해 백방으로 노력하는 중이었던 것이다.

다음 날 친구들을 소집하여 문병을 가보니 그날 응급실에서 병실로 옮겼다고 한다. 입원 경위인데, 4월 5일 밤늦은 시각 갑자기 의식을 잃었다고 하였다. 김제 중앙병원을 갔는데 위급하니 전북대 병원으로 가라 하여 119를 불러 구급차에 실려 왔다고 한다. 뒤늦게 의식이 돌아와 병실로 옮겨 다행이라며 가족들은 안도의 빛을 보였고 친구는 우리를 향해 흐뭇한 미소로 맞이해 주었다. 그 모습에 담소 나누며 모두 안심하고 돌아왔다.

4월 16일, 전 직장 동기들과 문병 차 두 번째 방문 때인데 내방 객 대기실에 들어서니 자녀들이 나를 먼저 발견하고 침통한 모습으로 맞이해 주는 것이었다. 손에는 짐을 든 채 눈물이 촉촉이들 젖어 있다. 사연인데, 오늘 다시 의식을 잃어 중환자실로 옮겼다고 한다. 의사의 암시였다며 모든 것 정리하고 병실을 비우라고 했단다. 짐을 내려 차에 옮겨 싣는 중이었고 부인은 나를 보자 붙들고 울었다. 무어라 위로의 말을 전할 길이 없었다. 환자는 면회도 못 한 채 돌아왔다. 다음날 중국 여행이 계획된 터라 동료에게 사후 일을 부탁하고 여행길에 올랐다. 여행 기간 중 어찌 그리 심기 불편하고 마음이 죄어오던지…, 그런데 돌아와 보니 아직껏 생존해 있다 하지 않은가.

4월 27일 밤, 아내와 중환자실을 찾았는데 야윌 대로 야위어 있었다. 언어 소통도 안 되고 정신마저 혼미하여 무어라 위로의 말을 전할 길이 없었다. 30분간 그 모습 지켜만 보다 나왔다.

5월 7일, 네 번째 문병 날인데 병세가 호전되어 다시 일반병실로 옮겼다고 한다. 그런데 딸 모습이 복도 벽에 기댄 채 침통하다. 아버지가 도망가자고 하였단다. 중환자실의 악몽에 시달렸던 것이었다. 거의 매일 중환자가 죽어나가는데 홀로 병마에 시달려야 하는 심한 고통과 오죽 공포에 떨었으면 그런 표현 했겠는가. 그날 느꼈던 건, 딸로부터

'아빠! 임 소장님 그간 몇 번이나 찾아오신지 알아요?' 하니

손바닥을 올리더니 손가락 네 개를 나란히 펼쳐드는 것이었다.

중환자실 면회 땐 죽느냐 사느냐 하는 판국이 되어 전혀 정신 놓은 줄로 알았는데, 그렇구나. 그래서 말 못하는 환자라도 마음이나 영혼은 살아있어 흔히 '초상마당에서까지 말조심하라.'란 뜻 실감이 갔다.

5월9일, 동료와 다섯 번째 문병 날인데 목에는 구멍이 뚫려 있고 호스가 연결되어 있다. 하루 전 기관절개 수술을 하였던 것이다. 가래를 빼내려는 조치였는데, 숨 쉬는 모습을 보니 목에서 골골 소리가 난다. 코를 통해 영양제 주입에, 가슴 한쪽에는 약물 주사기가 꽂혀 있고, 소변은 고무호스로 오줌 주머니에 연결 빼내고 있었다. 그 모습 비참하여 가슴이 무너져 내릴 것만 같다.

5월 25일 저녁 시간, 아내와 다시 찾은 문병 날, 큰아들이 자리를 지키고 있다. 어언 50여 일째, 자녀는 직장생활과 틈틈이 간호에 고충이 얼마나 많을까. 돌연 10여 년 전 큰사위가 교통사고를 당하여 전 가족

이 불철주야 병실에 매달려야 했던 악몽이 떠올랐다. 삶이란 무엇인지, 굴곡 없이 살 수는 없는 건지, 전생에 무슨 업을 지었기에 이런 일을 당했는지 회의에 빠진 적 있었다.

인륜대사 중 그 으뜸은 출생과 죽음이 되리라. 잘 태어나는 것만큼이나 죽음 복은 중요하다. 그런데 흔히 사는 일에는 전심전력을 다하면서도 죽는 일에는 소홀하다. 마치 남의 일인 양 살아간다. 삶의 열망 때문이리라. 벌써 오래되었지만, 흥미 있는 기사인데 수명(壽命)이 오늘을 마지막으로 가정하고, 고통 없이 3개월 앞당겨 죽을 것이냐, 아니면 병고에 시달리더라도 3개월 더 살다 죽을 것이냐? 여론 조사 결과 고생을 하더라도 후자를 택하겠다는 이가 80%를 넘었다고 한다. 본인과 가족의 고통, 가정경제 파탄, 인간답게 살 권리를 보상 하리만큼 과연 이승의 삶은 중요하고 가치 있는 것인지, 하긴 대 우주와의 결별이 그리 쉬운 일은 아니리라. 자신도 이 물음에 선뜻 용기가 나지 않는다. 그런데도 간혹 용기 있는 결단을 내리는 이 있다. 지방에서 사업하는 지인이 중년에 폐암으로 입원 중 연명 치료를 거부하였는데, 그래도 치료가 계속 되자 호스를 빼 내던진 일이 있었다. 이미 죽음 준비가 되어 있었던 것이었다. 얼마 후 그렇게 조용히 이승을 떠났다. 소설가 박경리 씨도 뇌졸중으로 병원에 입원 중 연명 치료를 거부한 기사 본 적 있다. 그분 역시 입원한 지 한 달여 만에 그렇게 떠났다. 그 용단을 보며 경외심(敬畏心)이 드는 건 나만이 느끼는 일시적 감상만은 아니리라 믿는다.

요즘 매스컴은 식물인간 상태에 빠져 인공호흡기로 연명하는 75세 할머니의 자녀가, 법원에 어머니의 연명치료를 중단해 달라는 가처분 신청을 해 사회적 논란이 일고 있다. 어머니가 자연스럽게 죽게 해 달라는 요구인데, 그 탓에 칼럼이며 사설이며 관련 기사가 연일 넘쳐난다. 그 논지(論旨)인데 하나는 '인공호흡기 떼는 것은 살인행위'이다. 다른 하나는 '무의미한 생명연장 조치해야 하나?'로 대별이 된다. 각기 일리가 있는데, 그중에서도 우리나라 법에는 없지만 '존엄사, 이젠 사회적으로 논의해 볼만 하다.'조선일보 사설이 관심을 끌었다. 각국의 사례들을 들었는데 나는 진즉 부터 '존엄사'에 대해 관심을 두고 노년 관련 책을 다양하게 구매 탐독한 바 있다.

요즈음은 자녀 수도 적고 각기 직장 찾아 멀리 떠나 사는 세상, 부모가 병고에 시달려도 달려와 줄 여건 냉큼 안 된다. 거리 멀고 제 가정 꾸려가기도 바쁜 세상이기 때문이다. 이를 두고 어찌 불효 탓하고 주변 탓만 하고 있을 것인가. 변화해 가는 사회현상을 보며 아내와 근래 세운 방침인데 첫째, 자녀의 폐해 줄이기 둘째, 연명 치료하지 않기 셋째, 시신기증인데 사후 자녀의 번거로움도 덜고 나이 들어 우리 부부 중 먼저 떠날 이를 위한 대비책이기도 하다. '시신기증 서약서'는 서식을 받아 내용 이미 작성해 놓고 자녀동의 받는 일만 남아있는데, 건강할 때 방침을 확실히 해 두지 않으면 자신과 가족 모두에게 도리가 아닐 것 같아 소신을 밝혔다. 존엄사야말로 산자에 대한 예의요 배려이자 권리이지 않은가 싶다. 가뿐한 마음이 든다.

** 7월 30일 11번째 문병 날. 여전히 언어불통, 병상생활 4개월째를 보내며 가까스로 죽음의 문턱만은 모면(?) 한 것 같다. 가족의 헌신적인 노력이 눈물겹다. 건강이 어느 수준까지 회복될지, 회복은 가능한지 보는 마음이 답답하다. 깨어나렴 친구여! **

(2008. 9. 자유문예 제20호)

습관

자유문에 행사 참석차 인천을 다녀오는 길에 뱃속이 불편하여 몇 번이나 화장실을 들락거린 일이 있다. 그런데도 가는 곳 마다 청결하고 쾌적하여 이용에 불편이라곤 없었다. 좌변기며 화장지 비치며 곳에 따라 음악에다 향 내음까지 은은한 게 그리 마음이 여유자적(餘裕自適) 일 수가 없다. 참 살기 좋은 세상임을 느낀다. 이만한 화장실 시설 누리며 사는 나라 그리 많지는 않으리라. 오죽하면 외국에서조차 우리나라 화장실 실태를 보러 오겠는가. 그런데도 뒤끝이 개운치는 않았으니 비데시설이 없다. 내가 비데 시설을 이용한 지는 28년째, 처음엔 분사(噴射)가 차갑고 시려와 꼭 좋게 느껴진 건만은 아니었다. 그래도 뒤끝 개운한 맛에 참고 견디었다. 지금은 냉온수가 자유자재여서 쾌적함 느낀다. 이처럼 비데 이용이 습관화되다 보니 외출 중에 변의(便意)를 느끼면 아예 참았다가 집에 돌아올 때 있고, 부득이 용변을 보았으면 귀가 즉시 화장실부터 들려 비데기로 다시 뒤처리해야만 직성이 풀린다. 이미 몸에 붙은 습관인데 돌아보니 금석지감(今昔之感)을 느낀다.

지금은 도시화로 농가가 상대적으로 적고 농민이라야 7%대에 머무는 세상이 되었지만, 5~60년대만 해도 국민의 80% 이상이 농업에 종사하여 가는 곳마다 '농자천하지대본(農者天下之大本)'에 농업증산만이 살길이라던 시절을 보내왔다. 화학비료는 얼마나 귀하던지, 인분(人糞)이 그 자리를 대신 하던 시절이었는데, 그 때문에 노변이나 고샅엔 측간(廁間) 시설을 많이들 해 놓았었다. 대개는 잿간을 겸하였지만 가끔은 도가니를 묻어 측간답게 독채로 꾸며 놓은 일도 있었다. 공중변소가 없던 시절, 그 역할을 대신 한 셈이었는데 인분을 거두고자 그 목적이 있었던 것이다. 그런데도 뒤지(화장지)라고는 없었다. 그래도 절박한 상황만은 해결할 수가 있었으니 다름 아닌 짚뭇이었다. 측간마다 볏짚 묶음을 갖추어 놓았던 것이다. 볼 일 보고 뒤지 대용으로 볏짚을 말아 닦아낼 때의 조심스러움은 경험해 보지 않은 이는 모르리라. 지금이야 상상 밖 이야기가 되었지만, 그때만 해도 배변(排便) 문화가 그 수준을 벗어나지를 못했다. 윗대 조상님들이야 어떠하였을지 측은지심 느낀다.

화장지에 얽힌 일화인데 80년대 초반 중앙 고위층 인사가 부정 의혹에 걸려든 일이 있었다. 감사기관에서 그분 댁을 기습하여 생활실태를 확인하였는데 의외로 검소한데다 화장실을 보니 신문지를 쓰고 있어 얼마나 감명 받았던지 더는 의혹에서 벗어났다고 한다. 당시 나만 해도 주공 아파트에 살았고 두루마리 화장지에다 비데를 쓸 때여서 처음엔 그 말이 믿기지 않았었다. 그분이 우리 직장 최 고위직에 있을 때인데 검사현장 확인을 나와도 예고 없이 하여 지방 근무자들에게 짐이 되지를 않았다. 미리 예고라도 되면, 업무현황대비며, 오가는 길 수행이며, 숙식까지 대비하느라 얼마나 난리법석이었던지. 이게 바로 청백리정신이 아닌가들 하여 회자(膾炙)된 일이 있다.

기담(奇談)인데, 중학교 때 교감선생님이 6 · 25전쟁 중 제주도에서 피난생활을 하며 겪었던 일화를 조회시간에 낭독해 주신 일이 있다. 용변이 급하여 측간을 갔는데 아래는 돼지를 키우더라고 했다. 마침 설사를 하여 주르르~륵 쏟았는데, 먹이인 줄 알고 접근했던 돼지가 설사를 뒤집어쓰게 되자 놀라 몸을 털어내는 바람에 오물로 만신창이가 되었다고 한다. 얼마나 낭패감이 들었던지 물마저 귀하더라하여, 아연실색(啞然失色) 했다던 생각이 난다.

더 열악한 건 목욕환경이었지 않은가 싶다. 지금은 아파트 주거문화에 일반 주택도 욕조시설이 되어 있어 목욕하는데 어려움 없는 세상이 되었다. 보일러 냉온수에 얼마나 편리한가. 단 나는 저혈압 체질이어서 뜨거운 탕 속에 오래 있지를 못한다. 온천을 가더라도 대개는 4~50분이면 끝이다. 그런데 몇 년 전 우연히 소문을 듣고 찾아간 곳은 인근 '오케스트라 사우나'였다. 이용해 보니 알맞은 수온에 수중안마시설이 갖추어져 있어 그리 개운할 수가 없다. 그 뒤로는 수중안마의 쾌감에 젖어들게 되었다. 이젠 등산하고 나면 으레 그곳을 찾는다.

돌아보면 열악하기 그지없던 시절, 읍내에는 목욕탕이라야 딱 한군데였고 그마저 처음엔 있는지조차도 몰랐다. 관심 밖에다 대부분 그런 호사 누리며 살 형편이 아니었던 것이다. 그러다 처음 목욕탕을 찾은 것은 고3 때였는데, 우연인지 이용객은 셋 뿐, 때는 그리도 많고 벗겨도 벗겨도 나오던지…, 그땐 목욕을 모르고 살았기에 어쩌다 내의 벗어 털면 각질(角質)이 먼지가 되어 박무처럼 뿌옇게 천공(天空)을 날아 올랐다. 유목민은 아예 목욕을 못하고 산다던데, 그나마 여름한철만이라도 냇가에 나가 목욕하고 살 수 있다는 게 얼마나 큰 다행이었던지 모른다.

1971년 둘째 딸 출산을 앞두고 아내를 고향으로 올려 보낸 일이 있다. 산고의 고통은 얼마나 큰지, 순산은 하였는지, 아들인지 딸인지? 큰딸 출산 때 고향에서 진통을 직접 지켜보았기에 상상이 갔던 터라 궁금증은 이루 말할 수가 없었다. 그런데 출산을 하고서도 이틀 후에야 알았으니 얼마나 허망했던지. 지금이면 전화 한 통이면 끝이었을 것을…, 더하여 요즈음은 일반 전화기 놓인 자리 가기 귀찮아 누운 채 휴대용 전화기로 편리함을 누리며 산다. 편하고자 하는 욕구 때문인데, 이를 보며, 문명이란 무엇이고 문명의 이기(利器)는 무엇인지. 한 번 편리함에 맛이 들면, 이처럼 여간해서 되돌려 놓기 어렵다. 바로 습관으로 굳어지기 때문인데 그러고 보니 습관도 시대발전과 같은 길을 타고 가는 것 같다.

이젠 진정으로 길들여야 할 올바른 습관은 무엇일지? 너무 청결하면 병균에 노출되는 일이 없어 오히려 면역성 약화를 부를 수 있다고도 하고, 잘 못된 음식문화는 영양 과잉을, 자가용은 운동부족의 원인이 되어 건강 제일의 표적이 되고 있다. 발전 속도에 묻혀 느림의 미학은 밀려난 지도 오래다. 이제 생활 속에서 정서와 인내심은 어찌 키워가야만 할지, 몇 년 전 기사지만 오죽하면 공중 전화기에서 통화시간이 길다고 여인 폭행치사 사건이 발생하였겠는가. 빠르고 편리함이야 더없이 좋지만 심성은 말라 가고 여유로움이라곤 없으니 점점 낭만 없는 세상이 되어 간다. 통신매체 여파로 편지 쓰는 일조차 없어진 세상, 학력 신장은 꼭 돈 들여 학원에서 키워야만 하나? 잘못 길들어 가는 인습(因習)이요 습관의 결과 아닌가. 습관! 한 번쯤 되돌아 볼 일이다.

(2008. 5. 자유문예 제18호)

2

여행기

북유럽 여행기
(핀란드, 스웨덴, 노르웨이, 덴마크, 네덜란드 5개국)

지난 4월 15일 아내의 대녀 P 님으로부터 전화를 받았다. 북구여행을 가자는 제안이었는데, 10박 11일간. 가는 곳은 핀란드, 스웨덴, 노르웨이, 덴마크, 네덜란드 5개국. 평소 동경하던 나라였기에 아내와 상의 끝에 이내 결정을 내렸다. 우선 여행기간에 겹친 행사는 무엇인지, 여행비는 가능한지, 감기 후유증으로 2개월 넘게 지속 중인 기침은 쾌유할지 우려 반 기대 반 예상을 다 해 보며, 다음날 전일 관광에 계약금 불입을 마쳤다.

5월 29일(금) 맑음

드디어 여행 날, 미리 꾸려 놓은 여행 가방을 들고 집을 나선시각은 06시 35분, 새벽 서둘러 달려와 준 큰사위 승용차편으로 10분 걸려 시청에 당도하여보니 K 교장선생님(전) 내외분이 기다리고 있다. 어쩐지 초조한 표정이 느껴진다. 그제야 알았는데 애초 07시 출발로 공지해 놓은 것을 뒤늦게 30분 앞당기기로 한 모양인데, 미처 연락을 다 못

했던가 보다. 여행사에서 내용 변동 있으면 전화하겠노라 한 약속을 굳게 믿은 터였는데…,

전일 관광버스에 몸을 싣고 곧바로 출발, 서신지구에 들려 일행을 실었다. 그런데 이상한 건 역주행코스로 달려가는 게 아닌가. 김제 나들목에 도착 시각은 07시 30분, 그곳에서 15분간 기다려 마지막 일행을 태우고 나서야 그 이유 알았는데, 정읍에서 오시는 분이 여권을 잊고 떠나왔던가 보다. 도중 되돌아오느라 그리되었는데, 외국여행하며 여권을 다 놓고 오다니…, 친분 간에 짓궂은 농담 오가며 웃음꽃을 피워낸다.

바로 호남 고속도로에 진입하여 계속 달려가며 아침 안개 그윽한 창밖 풍경인데, 한창 모내기에 연녹색 산하가 어우러져 멋이 있다. 중간지점 천안휴게소에서 다시 겪은 일이었는데, 화장실 가느라 차에서 모두 내린 사이 나는 메모 좀 하느라 지체하다 내리려니 출입문이 굳게 닫혀 있다. 운전기사가 다 내린 줄 알고 문을 잠그고는 자리를 떠났던 것이었다. 부득이 한동안 차내에 갇혔는데, 마침 노무현 전 대통령 영결식을 위해 봉하마을을 떠난 차량행렬이며, 북핵 보도 등 겹쳐 분위기 어수선하다. 어째 연속 이런 일이…, 부디부디 더 큰 일 없도록 마음속으로 빌고 또 빌어 본다.

인천 국제공항 도착 시각은 11시 05분, 4시간여 걸려 달려왔다. 하차하여 보니 일행은 모두 23명(남 7, 여 16), 먼저 일행 면면인데 전직 중 · 고 교장출신 내외분이 10명, 50대 전후 여성 팀 일행이 9명, 우리 내외 그리고 광주에서 온 여성이 두 분인데 그중 한 분은 스님이시다. 인솔자 J 사장까지 더하여 24명, 먼 여행길을 나서며 기대감이어서인지 금세 친밀감 들고 가족 같은 느낌이 든다.

11시 35분 짐을 탁송하고, 이어 검색대 통과, 출국절차를 거쳐 공항 구내 열차를 타고 제2청사로 이동하여 110 게이트에 집결하여보니 12시 20분. 잠시 휴식 후 네덜란드 항공 KL0866 호기에 올랐다. 그때 시각 13시 10분. 240석 규모인데 여승무원 10여 명에 우리 승무원이 3명이 끼어 있다. 유도로를 거쳐 활주로에 당도시각은 14시, 굉음과 함께 하늘을 힘차게 날아올랐다. 낮 안개 자욱하다. 20분쯤 나니 간식으로 캔 맥주가 나온다. 그런데 마시려 해도 따는 장치가 없다. 표기를 보니 메이드 인 네덜란드, 외국산이라 그런가 의문도 들고, 방법을 몰라 이리저리 살피는 중인데, 옆에 외국인이 지켜보다가 자기를 달라고 한다. 건네주니 일어서 뒤로 가더니 잠시 후에 돌아왔다. 바꾸어 왔는데 보니 따는 부속장치가 붙어 있다. 50대 중반쯤의 남성, 매우 고마워 탱큐! 와 동시에 가벼운 목례를 보내며, 덧붙여 '아이 캔 낫 스피크 잉글리쉬' 하며, 고마움을 더는 표현할 길이 없어, 미안한 표정을 지었더니, 자기도 나를 보며 환하게 웃으며 하는 말이 '아이 캔 낫 스피크 코리안'하는 게 아닌가. 덧붙여 자기는 스웨덴 사람이란다. 이심전심 마음이 통하여 이번엔 다시 한 번 미리 알아둔 스웨덴 말로 '탁(고맙습니다)'하였더니 자기도 따라 '탁'하며 껄껄대며 웃는다. 바로 여행의 진미가 아니고 무엇이랴.

15시경 기내식이 나왔다. 메뉴 중 비빔밥을 주문하였는데 맛깔스러운 게 입에 딱 맞는다. 우리 비빔밥 외국인도 좋아한다더니, 실제 보니 외국인 대부분이 비빔밥을 시켜 먹는 것이었다. 창가에서 지상을 내려다보니 민가도 없고 나무 한 포기 없는 사막지대. 고비사막 넘어 몽골쯤 되리라. 17시경, 동행한 P 님이 내 자리에 와 옷깃을 잡아끈다. 따라가 창밖을 내다보니 첩첩산중인데, 쌓인 눈이 장엄하고 경관 참으로 경이로웠다. 민가라고는 전혀 없고 산림이 울창한 게 시베리아 지점으로 추정되었는데, 승객들의 궁금증을 아는지 모르는지 영상매체는 항로 방영은 않고 영화만 틀어댄다.

18시 45분, 기류 탓인지 기체가 요동치고 스피커에서는 안전띠를 매라며 안내방송이 흘러나왔다. 좀 불안했는데, 승무원들이 예사로이 통로를 오가는 걸 보니 안심해도 될 것 같다. 19시경, 툰드라지역인지 이끼 낀 녹색 평원이 강줄기와 어우러져 비질한 듯 정갈하게 펼쳐지고 하늘엔 해가 아직 중천에 떠있다. 해를 안고 서편 하늘을 나니 좀체 해가 기울 줄을 모른다. 19시 30분, 두 번째 기내식이 나왔는데, 나는 컵라면을, 아내는 아이스크림으로 하였다. 23시경, 세 번째 기내식은 면류였다. 그런데 입안이 텁텁하고 맛이 없다. 지루한 비행으로 피로 겹쳐 입맛이 갔나보다.

0시 35분, 드디어 네덜란드 암스테르담 스히폴 국제공항 착륙, 하늘에서 내려다보는 경관이었는데, 바둑판같이 잘 다듬어진 농경지와 물길 사이사이 전원풍경이 그림처럼 아름답다. 이곳까지 비행시간 꼬박

10시간 35분 걸렸는데, 현지 시각으로는 18시 35분(시차 6시간). 아직 해가 하늘 높이 떠 있다. 다음 목적지 핀란드 헬싱키행 비행기를 갈아타기 위해 공항 구내에서 대기시간은 약 1시간 30분, 쇼핑하며 휴식을 취했다. 공항 화장실에서의 일이었는데 일을 보고 물을 내리려니 단추가 없다. 아무리 살펴보아도 찾을 길이 없어 한참이나 황당한 심경이 되어 일어났더니 자동으로 쏴~물길이 터진다. 자동 물 내림 시설이었던 것이다. 이런 화장실도 다 있구나. 더하여 비데 시설을 갖추었더라면 얼마나 좋았을까.

20시경, 핀란드 행 비행기에 올랐다. 네덜란드 항공 KL1171 호기인데 규모는 160석으로, 승객을 둘러보니 우리 승객은 4분의 1쯤이나 될 것 같다. 인천에서 암스테르담까지는 우리 승객이 반절쯤이나 되었는데…,

유도로를 거쳐 이륙시각은 20시 45분, 눈 아래 전원풍경이 펼쳐지고 육지 인접 바다에 풍차 군(風車 群)이 돋보인다. 산이라고는 없는데 오늘 보는 네덜란드는 기착지였던 만큼 하늘에서만 보는 모습이 되었다. 21시 20분, 기내식이 나왔는데 메뉴는 치즈 빵. 맛도 없고 느끼한 기분이 들어 먹다 말았다. 21시 35분, 기체가 요동을 쳐 공포감이 일었는데, 가끔 경험이지만 이런 항로는 피해갔으면 좋겠다.

22시 20분, 아직도 해를 안고 가는 여행, 10분쯤 더 지나서야 서산에 해가 기울고 땅거미가 짙어 온다. 우리나라 시각으로는 동이 틀 무렵인데, 그러고 보니 꼬박 하루를 해가 지지 않는 여행을 하는 셈이었다.

23시, 드디어 핀란드 헬싱키 국제공항 착륙, 기착지에서 약 2시간 30분 거리. 귀가 먹먹하고 통증이 인다. 공항규모는 작았다. 우리나라와 시차는 7시간으로 현지시각은 24시. 짐을 찾아 15분 달려 시내 SOKOS 호텔 510호 실에 든 시각은 새벽 1시. 아내와 여장을 풀었다. 집을 나서 꼬박 하루 넘겨 달려온 멀고도 먼 여행길, 피로가 한순간에 몰려온다. 잠을 청해 본다.

5월 30일(토) 핀란드 헬싱키, 맑음

뒤척이다 햇볕이 들어 시계를 보니 04시 40분, 커튼을 젖히니 철로변 도심 숲이 울창하다. 새가 날고 자전거 탄 행인이 가끔 지나칠 뿐 한적하기 그지없다. 간밤 호텔 들기 전 자정상황이었는데 저녁노을이 선명하고 아름다웠다. 바로 백야(白夜)현상이었는데, 겨울은 대부분이 밤이고 여름은 대부분이 낮인 나라, 그러니 일상생활 기준을 태양에 맞추나 시계에 맞추나. 당연히 시간이 될 터이지만, 이색 체험이 되어 그래도 궁금하다.

06시, 아내와 아침 산책. 호텔 주변을 한 바퀴 돌아보며 도시모습 카메라에 담고, 놀이터 운동기구에 몸을 풀었다. 길 건너 뒤편으로 돌아보니 호수 가에 인적은 없고 연인 한 쌍만 한가로이 앉아있다. 연녹색 나뭇잎이 수면에 반사되어 경관 아름답다.

호텔 출발시각은 09시, 먼저 오늘 일정인데 오전엔 원로원광장, 시장광장, 우스펜스키사원과 암석 교회로 되어 있고, 오후엔 시벨리우스 공원, 새우라사리 호수를 거쳐 스웨덴 스톡홀름행 유람선 실야라인(SILJA LINE)을 타게 되어 있다.

첫 코스 원로원광장에 도착 시각은 09시 35분, 유영희 안내원이 기다리고 있다. 강원도 횡성 출신으로, 이곳 안내원 생활 10년이라는데 앳되고 가냘프다.

관람에 앞서 이 나라 개요인데, 인구는 약 515만 명, 면적은 한반도의 약 1.5배, 수도는 헬싱키. 인구 54만 명, 주요민족은 핀란드 인이 93%. 스웨덴 인이 6%로 되어 있다. 주요언어는 핀란드어, 종교는 루터 복음교가 91%, 1인당 국민소득은 36,000$, 기후는 북극 온대성 기후로 여름 평균 기온은 16℃이지만 겨울은 영하 53℃까지도 간 일이 있단다. 국토 대부분이 삼림과 호수로 이루어져 있고 빙하시대에 생긴 호수가 19만 개, 산타클로스의 나라로 이름이 나있다.

원로원광장은 약 40만 개의 화강암이 깔린 정사각형의 광장으로 매우 넓었다. 중앙에는 러시아 황제 알렉산드르 2세의 동상이 서 있다. 광장에서 남쪽으로 올려다보면 백색의 외관에 3개의 녹색 돔으로 된 건물이 하늘 높이 솟아 있다. 헬싱키 대성당인데, 1930년 착공 22년에 걸쳐 완공되었다. 원래는 러시아 황제 니콜라이 이름을 따 니콜라이 교회로 불리었던 것을 1959년에 대성당으로 고쳤다고 한다. 광장에서 올려다보는 경관도 좋았지만, 성당에 들렀다가 나와 계단을 내려오며

주변을 둘러보니 경관 쾌적하고 아름다웠다. 주변에는 대통령 관저와 헬싱키 대학, 도서관이 들어서 있는데 모두 1820년에 짓기 시작하여 20년에 걸쳐 세워졌고, 제정러시아 시대의 전형적인 네오클래식 양식의 건축물로 되어 있다. 원로원광장은 헬싱키 시민과 관광객들의 만남의 장소로 인기가 높으며, 알렉산드르 2세 동상은 핀란드가 러시아로부터 독립하고 나서 식민지 시대의 아픔을 청산하기 위하여 이 동상을 철거하자는 주장이 있었으나 그가 핀란드 언어를 사용할 수 있도록 허용하는 등 그 공과를 생각하여 지금까지 보존하고 있다고 한다.

11시 15분, 다시 5분 거리 시장광장에 도착, 둘러보니 광장에는 헬싱키의 유명한 분수와 발트 해의 처녀 하비스 아만다의 동상이 서 있다. 시장은 갖가지 야채, 과일, 꽃가게와 모피의류 등 기념품을 파는 좌판으로 분주하고 떠들썩하다. 길거리 천막 식당에서 바다를 바라보며 음식을 먹는 것도 낭만이 있어 좋을 것 같다. 한 바퀴 돌며 눈요기만하다 나왔는데, 잊을 수 없었던 건 아름답고 중후한 60전 후의 여인이 좌판을 벌였는데, 매상에는 통 관심이 없고 독서삼매경에 빠져 있다. 그 모습이 경이롭고 아름다워 몰래 카메라를 들이대고 셔터를 눌렀는데…,

천생의 여인인들 어찌 저보다 더 아름다울 수 있을까 싶다. 그곳을 빠져나오며 몇 번이나 그 모습을 뒤돌아보며 나왔다.

쇼핑시간 40여 분을 보내고 다시 찾은 곳은 인근 우스펜스키 사원, 그때 시각 11시 20분, 북유럽 최대 규모의 러시아 정교회 성당으로 1868년 핀란드가 러시아 지배를 받고 있던 때 러시아 건축가에 의해 성모승천을 기념하여 비잔틴 슬라브 양식으로 지은 건물이다. 붉은 벽돌 건물과 청회색 지붕, 황금색의 첨탑 등이 아기자기하다. 내부 제단 벽에는 그리스도와 열두 제자의 모습이 천연물감으로 그려져 있다. 이 나라 인구의 6%를 차지하는 러시아 정교 신자들의 본산이라는데 광장이 좁아 건물 전면 사진 담기가 잘 안 된다. 일부분씩 나누어 사진에 담았다.

다시 버스에 올라 헬싱키 시내 중심에서 약간 떨어져 서부에 있는 템펠리아우키오 교회에 도착시각은 12시 05분, 암반을 뚫어 만들어 '암반교회'라고도 한다. 1969년 티오모와 투오모 수오마라이넨 형제의 설계로 야트막한 바위산 위에 세웠는데, 교회가 마치 바위 속에 숨어 있듯이 들어서 있다. 천장은 동관 돔으로 덮여 있고 천장과 외벽 사이에 원형으로 창을 만들어 최대한 자연광이 들어오게 되어 있다. 밖에서 보던 것과는 달리 안은 밝고 온화하다.

건물 내부는 천연 암석의 느낌을 그대로 살리고 외부는 깎아낸 바위들을 다시 쌓아 방음과 외부 충격을 줄이는 차단 효과를 내도록 설계

하였는데 현대 건축물 가운데 걸작품이 아닌가 싶다. 교회 안에서는 음악회와 결혼식이 자주 열려 시민의 공회당 구실을 하고 있단다. 우리나라에서도 관심을 두고 이춘성 전라북도 지사와 이병호 전주 천주교구장님이 다녀갔다는데, 1994년 치명자산에 지은 성당 건립을 앞둔 시점이었지 않나 예상되었다.

주마간산 식으로 암석 교회를 둘러보고 나오니 시간은 어느덧 12시 25분을 가리키고 있다. 뱃속이 출출하다. 점심 차 찾은 곳은 5분 거리의 중국 음식점 당조(唐朝), 식단이 담백하여 맛이 있다. 그들 특유의 기름기라고는 별로 느껴 볼 수가 없었는데, 이런 중국 음식점도 다 있구나. 식당을 나와 시가지를 달리니 도심이 무척 쾌적하고 한가롭다. 전차도 한가롭고 나는 새조차 한가로웠다. 달리는 중간에 1952년 헬싱키 하계올림픽 경기장을 거쳤는데, 외관이 마치 전주 월드컵경기장만 하다. 당시에는 참가국도, 경기종목도, 선수도 규모가 작아 가능하였으리라. 25분쯤 달리니 시벨리우스 공원이 나온다. 그때 시각 13시 55분, 공원 규모가 꽤 크고 경관 아름다웠다. 그런데 경이로웠던 건 그 넓은 공원 잔디 위에 남녀가 벗고 어우러져 일광욕들을 하고 있다. 눈길이 절로 간다. 자연환경 다르고 생활환경이 달라 자연스레 생활 일부가 되었겠지만, 나그네의 눈엔 무척 이채롭고 신비로웠다. 이런 광경은 이후 스칸디나비아 반도 3개국 모두 같았고 어딜 가나 눈에 띄는 장면이었다.

시벨리우스 공원은 핀란드의 세계적인 작곡가 시벨리우스를 기념

하여 만들어진 공원으로 24톤의 강철을 이용하여 1967년 여류조각가 에일라 힐투넨에 의해 만들어 졌다. 시벨리우스는 평생 조국 핀란드에 대한 사랑과 용감한 사람들의 생애를 주제로 작곡하였다고 한다.

파이프 오르간 모양의 시벨리우스 기념비는 예술성이 돋보였고 아름다웠다. 무섭게 쏘아보는 듯한 시벨리우스의 두상은 최고의 포인트가 아닐까 싶다. 공원에 면해 있는 요트항과 해변이 무척 시원한 느낌이 든다. 그런데 화장실 인심이 언짢다. 노변 화장실 한번 이용에 0.5유로(약 850원), 자동화 시설이여 위급한 상황에서 준비금 없으면 낭패를 겪을 것만 같다. 공원 모습 카메라에 담았지만, 일광욕 모습들을 찍기엔 차마 민망스러워 마음으로만 담아왔다.

15분간을 보내고 다시 찾은 곳은 5분 거리의 새우라사리(SEURASAAREN ULKOMUSEO) 호수, '새우라'는 침묵이고 '사리'는 섬이라는데 바로 '침묵의 섬', 핀란드의 옛 전통가옥인 목조 건물과 17세기 교회와 풍차 등을 한곳에 모아 놓은 민속촌이었다. 헬싱키 시내 호수에 둘러싸여 있다. 흙으로 된 산책로를 따라 한 바퀴를 돌아 나오는데 소요시간은 약 45분, 섬 전체가 꽃과 푸른 숲이 무성한 자연공원으로 되어 있으며 새와 다람쥐 등 야생동물들은 잘 길든 듯, 사진을 찍어도 전혀 두려워하지 않는다. 특히 통나무 형 목조 건물은 요소요소에 자리하고 있어 특유의 전통미를 느낄 수 있었다.

시내 중심가를 지나 실야라인(SILJA LINE)터미널에 도착 시각은 15시 20분, 실야라인을 타려면 승선 30분 전에 와야 한단다. 출항 예정시각은 17시, 여유 있게 떠나왔다. 오는 도중 노변 상가는 음료수와 일광욕을 즐기며 담소하는 모습 극히 여유롭고 평화로웠다. 애견도 꽤 목격이 되었는데 주인이 줄을 매고 다녀 방 견은 볼 수가 없다. 오늘 핀란드 일정은 거의 마쳤고, 스웨덴 스톡홀름을 향해 갈 일만 남아있다. 예전에는 출국 절차가 있었는데 지금은 없단다.

먼저 실야라인 소개인데 핀란드와 스웨덴 스톡홀름을 오가는 호화 여객선이다. 크기는 총 길이 200m, 너비 31.5m, 58,000톤급이며, 높이는 12층으로 2,700개의 침실을 갖추고 있다, 또 자동차 400대, 버스 60대를 동시에 실을 수 있단다. 규모가 금강산 호화 유람선의 4배 크기라는데, 한번 배를 타면 중간에 내리는 일이 없이 목적지까지 간다.

1인 요금은 약 50만 원, 16시에 선실에 올라 우리 부부는 1015호실 배정을 받았다. 10층을 엘리베이터를 타고 오르면서 보니 도무지 입이 다물어지지가 않는다. 바다를 떠다니는 리조트 호텔이었기 때문이었다. 그제야 선내에서도 길을 잃어 헤매는 이 있다는 말 실감이 간다. 객실에 들어 시설을 보니 침대가 양옆으로 두 개, 벽 붙박이 침대가 모두 4개, 최대 6명까지 숙박할 수 있고 옷장, 책상, 화장실과 간단한 샤워 시설이 되어 있다. 17시 출항, 저녁식사는 17시 20분부터 약 40분에 걸쳐 선상 뷔페식으로 하였는데 맥주와 포도주가 제공된다. 대화에 젖어가며 몇 잔 들이켜니 절로 돋는 흥에 모두 얼굴 불콰하다. 워낙 큰 유람선이어서인지 동요가 거의 없어 실내에서는 항해하는지 어쩐지 감지가 안된다.

식사를 마치고 바람 쐴 겸 갑판 위에 올랐는데 석양에 바닷바람 거칠고 세차다. 망망대해를 배경 삼아 아내와 번갈아가며 사진을 찍었지만, 옷 여미랴 모자 움켜쥐랴 자세를 제대로 취할 수가 없다. 곧이어 선상 쇼핑, 6~7층은 주로 식당가, 슈퍼, 홀 등인데 면세점, 카페테리아, 레스토랑, 슈퍼마켓, 옷가게와 액세서리 가게를 거쳐 오며, 그중 옷값을 보니 중질의 것이 우리 돈으로 5~6만 원 선. 굳이 외화 들여가며 살 일은 아닐 것 같았다. 나이트클럽, 오락실, 카지노도 보였는데 아내와 카드놀이를 한참을 지켜보았지만, 얼른 이해가 안 간다. 수영장은 옥상에 있단다. 처음 선실에 오를 때 7층 계단에서 올려 보니 중앙 통로에서 맛보기로 쇼를 보았는데, 21시라던가, 벌인다던 쇼는 피로하여 관람을 포기하고 그 시간쯤에 호텔 방으로 돌아왔다. 분위기 아늑하다.

5월 31일(일) 스웨덴 스톡홀름, 맑음

잠자리에서 일어난 시각은 05시 30분, 아내와 산책 차 갑판 위에 올랐다. 해는 동녘 하늘 높이 솟아올라 있건만 인적은 없고 바람만 차고 거세었다. 간밤 늦도록 유흥에 젖어 보내느라 모두 단꿈에 빠져든 것 같다. 우리 내외와 서양인 한 사람뿐이었는데, 목례를 나누고서 사진을 찍으려니 카메라를 건네며 자기도 찍어 달란다. 카메라 서로 바꾸어 자세 취해가며 찍었다. 한기 들어 10층 로비에 내려와 창 너머 경관을 보노라니 울창한 숲, 사이사이로 발틱 연안 촌락모습 마치 그림 같다. 헬싱키에서 출발한 지도 벌써 12시간, 아직도 연안 따라 유유히 흘러간다. 바깥바람 세차건만 미동도 느끼질 못하니 괴괴한 느낌이 다 들고 무료하다.

아침식사 08시, 바로 쉴 겸 호텔 방으로 돌아왔다. 아내와 느긋한 마음으로 침대에 누웠는데, 잠이 들었던지 정신이 들어 시계를 보니 09시 30분, 밖을 내다보니 모두 배에서 내리는 것 아닌가. 가방 챙겨 나왔지만, 일행은 보이질 않는다. 엘리베이터 갈아타고 인파를 헤쳐 가며 부랴부랴 선착장을 빠져나와서야 겨우 합류가 되었고 대기 버스에 오르고서야 크게 안도하였다. 승선시간 무려 16시간 30분으로 발틱해 유람선 항해는 그렇게 끝났다. 그때 시각 09시 45분, 안내원이 반가이 맞이해 준다. 자기소개인데, 이름은 이영숙 씨, 스웨덴 생활 20년째, 전주 이씨란다. 자그마한 키에 당차고 야무지다. 운전기사는 헤르오켈씨였는데, 60대 중반쯤이나 되었고 흰 구레나룻에 풍채 있고 후덕해 보였다. 스웨덴 분이었는데, 현지 안내원은 나라마다 바뀌지만, 운전기사는 이후 육로로 노르웨이를 거쳐 덴마크까지 3개국 1주일간 운행을 맡는단다.

먼저 오늘 일정인데, 오전에 바사박물관, 전망대로 이동하여 스톡홀름 시내 감상, 이어 왕궁을 돌아본 후 점심, 오후엔 노르웨이 오슬로를 향해 떠나게 되어 있다. 갈 길이 장장 600㎞나 되어 스웨덴의 관광코스는 비교적 간단하게 짜여 있다.

여행 앞서 이 나라 개요인데, 인구는 약 900만 명, 면적은 한반도의 약 2.4배, 수도는 14개의 섬으로 이루어진 물의 도시 스톡홀름으로 약 150만 명, 북 게르만족이 95%에, 주요언어는 스웨덴어, 종교는 루터교 95%, 1인당 국민소득은 5만$, 기후는 멕시코 만류의 영향으로 동일 위도 다른 지역보다 온화하여 겨울 평균기온은 0.6℃이고 여름은 16.6℃, 호수는 96,000개, 여름은 백야현상으로 밤은 고작 1시간뿐이란다. 우리 교민은 약 2,000명인데, 한국 입양아는 1만 명에 이른다 하여 놀라웠다. 그래서인지 피부색 다른 가족이 나란히 걷는 걸 볼 땐 혹시 우리 핏줄이 아닌가 하고 관심이 간다.

약 15분 달려 도착한 곳은 바사호박물관, 그때 시각 10시. 입구에 들어서니 관광객으로 분위기 왁자하다. 년 관광객이 150만 명이라던데

실감이 갔다.

바사호 전함 내력인데, 스웨덴이 막강한 군사력을 자랑하던 구스타프 아돌프 2세 왕이 1628년 8월 10일 독일과 30년 종교전쟁에 참전하기 위해 만들었다. 길이 62m, 최대 폭이 11.7m, 높이 50m인 이 거대한 바사호는 그러나 출항하자마자 20분 만에 수심 33m 해저에 침몰하였다는데, 당시에는 그 이유를 찾아내지 못하였다고 한다. 이후 333년이 지난 1961년 인양된 바사 호는 보존 작업을 거쳐 이곳 유르고덴 지구에 전시되었다. 침몰경위는 인양하여 조사결과 대포 등 과적한 것이 주원인이었다고 한다. 700여 개의 조각으로 화려하게 치장이 되어 있다. 바사호의 인양부터 복원까지의 과정을 기록한 다큐멘터리도 수시로 상영한다는데 시간에 쫓겨 보지는 못했다. 약 40분에 걸쳐 관람하고 나오니 카퍼레이드가 한창이다. 별의별 형태의 차가 일렬로 늘어서 거리를 달리는데 차종이 그렇게 다양할 줄 몰랐다. 승용차의 발달사가 한눈에 확인이 되었다. 스톡홀름 전망대를 향해 10여 분 시내를 관통하는 동안에도 카퍼레이드는 시내 곳곳을 누비며 다녔다. 시가지 남쪽 섬 번화가 건물은 1850년대에 지어졌다는데, 고풍양식이 즐비하고 아파트는 50%가 임대아파트라고 한다. 드디어 전망대 도착, 세계에서 가장 아름답다는 수도 스톡홀름, 물 위의 도시요 환상의 도시였다. 강 건너 도심이 한눈에 조망된다. 수백 년 된 시가지 건물들이 멀리 숲과 조화를 이루어 한적하고 강물과 하늘빛이 어우러져 아름답다. 물길을 오가는 크고 작은 배들을 보노라니 어느덧 마음에는 여유와 평화가 젖어든다. 그 장면 두고두고 기억하고자 사진에 담았다.

다음 코스 약 30분간 달려 도착한 곳은 스웨덴 왕궁, 도시가 처음 형성된 13세기부터 지금까지 스톡홀름의 역사를 말해주는 전통적인 구시가지에 있다. 이탈리아 바로크 양식과 프랑스의 로코코 양식이 혼합된 3층 건물인데, 1981년 국왕이 드로트닝 홀름 궁전으로 옮겨 가기 전까지는 역대 왕의 거주지였으며, 지금은 국왕의 집무실과 외국의 귀빈을 위한 만찬회장으로 쓰이고 있다. 원래는 1523년 즉위한 구스타프 바사 왕이 르네상스 궁전으로 꾸몄던 것을 1697년 화재로 말미암아 1754년에 다시 지었다는데, 608개에 이르는 왕궁의 방은 유럽 최고의 예술가와 장인의 손에 의해 만들었다고 한다.

정문엔 위병의 늘씬한 몸매, 긴 부츠에 청색 복장 모습이 너무 멋져 아내와 나란히 사진을 찍으려 카메라를 들이대니 No 신호를 보내온다. 일정 거리를 유지하여 찍을 수밖에 없었다. 근접촬영은 금기사항으로 되어 있단다. 여름에는 매일 낮, 그 외 기간에는 수 · 토 · 일요일마다 왕궁의 안뜰에서 열리는 근위병 교대식이 놓칠 수 없는 볼거리라던데, 타이밍이 맞질 않아 아쉬웠다. 왕궁을 돌아 나오니 노벨 박물관이 보인다.

노벨상은 1896년에 스웨덴의 화학자 노벨의 유언에 따라 인류 복지에 가장 구체적으로 공헌한 사람이나 단체에 주는 상으로 노벨의 유산을 기금으로 하여 1901년부터 상을 수여하였다. 해마다 물리학 · 화학 · 생리학 및 의학 · 문학 · 평화부문의 수상자에게 금메달과 상장 · 상금을 수여하는데, 1969년부터는 경제학상을 신설하였다. 수상식은 노벨이 죽은 날인 12월 10일에 열린다. 시간에 쫓겨 노벨 박물관 내부를 둘러보지 못하고 겉모습만 카메라에 담아 왔다. 주변은 관광객이 많았는데 관광객 순위는 90%는 미국, 영국 등 서양인이고 다음으로 중국 일본 순이라는데, 한국 관광객은 16번째란다. 거리 멀고 고물가 영향 탓 크리라 믿었다.

버스에 올라 시내를 달려가며 안내원이 들려주는 이 나라 상식인데, 임금의 40%는 세금으로 부과되고, 연금은 65세부터 지급되며, 85세가 되면 복지관에서 생활하는데 15평 아파트를 준다. 국방의무는 1년, 가로수는 미루나무가 많았는데 우리나라에서는 이승만 정권시절 심었다가 지금은 거의 볼 수 없는 나무를 이 나라에서 보다니 감회가 새롭다. 공원 많고 호수가 지천으로 널린 나라. 배타고 가족이 외식을 즐기는데, 외식은 우리처럼 흔한 건 아니란다. 자녀가 20세가 되면 부모의 보살핌은 끝나고 자활의 길을 걷는다는데 핵가족화의 영향인가 보다.

남강회관에 도착 시각은 12시 10분, 점심은 한식인데 차림이 마치 국내음식점에 든 것 같다. 식당 간판은 중앙에 한반도를 그려 넣고 한글과 영어로 '남강회관' 표기를 하였는데, 이 나라는 간판들이 작지만 유독 크고 밝게 하여 한눈에 들어온다. 우리식 간판문화 아닌가. 정감이 간다.

12시 45분, 노르웨이 수도 오슬로를 향해 여정에 올랐다. 장장 600㎞ 멀고도 먼 버스여행길, 이영숙 안내원은 오전 안내 임무를 마치고 떠나려는 버스에 올라 작별을 고한다. 너무 짧은 만남이 되어 아쉽다. 외국생활 하는 동안 가정의 평온과 건강을 빌었다. 시내를 빠져나가니 숲 울창하고 눈길이 시원하다. 고속도로에 들어서니 노변에 철조망 시설이 잘 되어 있다. 철조망 시설은 북유럽 나라들 모두 같았는데 야생동물 때문에 돌발사고 예방 차원에서 해 놓았단다. 고속도로 진입은 4차선이었는데 중간에 2차선으로 좁혀졌다가 4차선을 반복한다. 차편은 비교적 한산하고 오토바이도 함께 내달렸다. 고속도로는 속도제한 표시나 각종 바닥 표시가 없고 무인카메라도 없다. 그래도 과속하는 일이 없단다. 우연히 차창 밖을 보니 전투기가 수직낙하 했다가 수직으로 상승하여 한참을 오르더니 비행운을 그리며 날아간다. 수직

낙하장면을 보면서는 거의 초원에 근접하여 추락 장면으로 착각 얼마나 놀랐던지, 한참이나 놀란 가슴을 쓸어내렸다. 도로주변은 잘 정돈된 목초지와 목장, 가끔 밀 농장, 그리고 이따금 건물과 돌 가공공장이 보일 뿐 사람이라곤 뜨이지가 않는다. 한반도의 2.4배 넓이에 인구가 적으니 그럴 만도 하다. 그 멀고 먼 길을 달려가는 동안 묘지라고는 전혀 볼 수가 없었는데 동네 한가운데 있단다. 이 나라는 죽은 사람에게 키스도 하고 두려움 없이 접근을 한다는데, 그래서 이집트 카이로 여행하며 보고 듣던 생각이 났다. 조상님 무덤 위에 2~3층 건물을 올려 산 자와 죽은 자의 동거 장면을 보며 나라마다 묘지문화가 이렇게 다를 수 있을까 하고 얼마나 신기해했던지…,

17시 45분, 당도한 곳은 산수 좋은 Sandahorm, 노변 간이휴게소인데 확 터진 호수 위에 일가족 수영을 즐기는 모습 평화로웠고, 호수주변 수목그림자 청명한 하늘빛 어우러져 멋이 있다. 잠시 휴식 후 차에 올라 25분쯤 달릴 때인데 드디어 노르웨이 국경 통과. 안내원의 안내방송이 없었더라면 그냥 지나칠 뻔하였다. 노변에 자그마한 집 한 채만 보일 뿐, 국경 표시조차 눈에 뜨이지가 않는다. 나라만 다를 뿐 주변 풍광 하나도 다름이 없다. 여권 심사 없이 논스톱으로 오가는 자동차의 물결을 보며 이런 나라들도 다 있구나. 우리는 휴전선을 사이에 두고 극한 상황에 갑자기 심기 불편하다. 한참이나 묵상에 잠겼는데 '우리 민족끼리' 구호나 말든지, 평화 공영시대 오기나 하려는지 암담한 생각이 다 들고 슬픔이 밀려들어 왔다. 공원 따로 없고 전 국토가 공원인 나라 누추한 곳이라곤 좀체 뜨이지 않는다. 말 목장이 많았는데 경마용인지 날렵하고 맵시가 있다. 사람이라곤 보이질 않으니 외로워 어찌 사나. 이곳은 싸울 사람도 없대서 웃었다. 인접지 간에 사람이 죽어도 신문을 보아야만 안다고 한다. 이 지역은 습기가 적다던데 그래서일까. 올 때 가벼운 신경통 증세가 사라졌다. 장거리 여행을 떠나오며 더하면 어찌하나 내심 근심 걱정 많이 했었는데…,

드디어 노르웨이 수도 오슬로 도착. 그때 시각 20시 10분, 스웨덴 스톡홀름에서 이곳까지 천오백 리 길, 7시간 45분 걸려 왔다. 곧바로 QUALITY HOTEL 305호실을 들어 여장을 풀었다. 저녁식사는 호텔 로비에 모두 나와 도시락으로 하였다. 식사자리가 여의치 않아 두세 군데 나뉘어 끼리끼리 하였는데 입맛에 맞고 맛이 있다. 나는 아내와 단둘이 식사를 나누며 프런트 직원을 보니 동양사람 같다. 가까이 접근을 하여 명찰을 확인해 보니 KIM이라 되어 있지 않은가. 한국입양아가 틀림없다는 예감에 우리는 한국에서 왔다고 하니 만면에 웃음을 띠고 반겨준다. 언어 장벽으로 내막까진 나누지 못했지만, 호텔방 오르내릴 때마다 눈인사를 주고받으며 정감을 나누었다. 30전 후의 젊은이, 훤칠한 키에 성격 활달하여 프런트 일이 제격일 것 같다. 대견한 마음이 들면서도 한편으로 형언할 길 없는 착잡한 마음 어찌 금할 수가 없다.

21시, 호텔방으로 돌아와 언뜻 잠이 들다 눈을 떠 보니 자정, 한국시각은 새벽 7시일 것이었다. 여행 4일째를 맞아 자녀에게 처음으로 전화하였다. 아들 딸 가족 모두 목소리 전하니 마음이 놓인다. 피로가

한순간에 녹아드는 것만 같다. 이국에서 느껴보는 혈육의 정이라…,

6월 1일(월) 노르웨이 오슬로, 맑음

04시 10분, 비몽사몽 간에 의식이 들어 눈을 뜨니 틈새로 빛 발이 뻗쳐 들어온다. 커튼을 젖히니 바깥 훤히 밝아 있다. 커튼은 검은색에 천은 투박한데, 백야현상으로 수면 환경을 위해 그리 시설 된 것 같다. 07시 10분, 아내와 산책길에 나섰는데, 뒷동네에 들어서니 이름 모를 꽃 골목 가득히 밝게 피어 있다. 색깔 희고 모양은 백일홍 닮은 게 청초하고 아름답다. 카메라에 담았는데, 꽃 이름 식물도감이라도 뒤적여 알아내야 할 것 같다. 노변에 비치된 음식물 쓰레기 수거통은 우리나라 아파트 음식물 수거통과 어쩜 모양과 색이 그리 똑같은지, 그러고 보니 음식물 수거 문화는 어느 한 모델을 모방하여 세계적으로 통용하는 것 아닌가 생각이 미친다.

09시 05분, 호텔문을 나섰다. 먼저 오늘 일정인데, 오전에 비켈란 조각공원, 바이킹 박물관, 시청사, 카를요한 거리를 둘러보고 남강식당에서 점심 후 오후엔 1994년 동계올림픽 개최지인 릴레함메르를 경유 보고(해발 800m)를 향해 떠나게 되어 있다.

버스에 오르니 안내원이 반가이 맞이해 준다. 자기소개인데, 이름은 전효성, 만 30세. 보통 체격에 기혼남성으로 태백에서 열세 살까지 살다 양산을 거쳐 서울에서 5년을 살았다고 한다. 3박4일간 노르웨이에 머무는 동안 안내역을 맡는다 하여 반가웠다.

관광에 앞서 안내원이 들려주는 이 나라 개요인데, 인구는 약 460만 명, 면적은 한반도의 약 1.7배, 수도는 오슬로로 인구 45만 명, 주요민족은 노르웨이인이고 사미족이 1%란다. 주요언어는 노르웨이어와 덴마크어이며 관광지는 영어도 통용된다. 종교는 루터복음교가 94%, 1인당 국민소득은 80,000$로 세계 제3위, 기후는 내륙지방은 여름은 매우 덥고, 11월에서 3월까지는 극도로 춥다. 2만㎞가 넘는 해안선과 남단에서 북단까지 1,750㎞ 길이의 피오르드로 유명하다. 국토의 30%가 북극권에 속하고, 15만 개의 섬으로 이루어졌으며, 한여름은 백야현상이, 겨울에는 온종일 어스름한 여명 상태가 유지된다.

안내를 들으며 새로운 상식이었는데, '스칸디나비아 반도'는 노르웨이 스웨덴 덴마크 3개국을 의미하며 핀란드는 아니란다. 핀란드는 북유럽에는 포함되지만, 스칸디나비아 반도국에는 포함되지 않는다 하여 지정학적으로 그럴 수 있을까 의문이 들었다.

오슬로는 도시가 작고 아담하다. 차량소통이며 사람 왕래도 적었다. 쓰레기도 뜨이지가 않는다. 도시는 붉은색 벽돌건물과 노란색 건축물도 많았는데 중세기적 건축양식이 많아서인지 고풍스럽게 느껴졌다. 상가 간판도 거의 없다. 이곳 사람들은 생활수준이 아주 높을 것으로 예상하였는데 높은 세금과 고물가 탓인지 생활모습은 오히려 소박하다. 이들은 옛날부터 열악한 환경에서 어렵게 살아왔기 때문에 오늘

날 경제가 안정되고 세계적인 부국임에도 절약 습관이 철저히 배어 있단다. 귀국하여 보도를 통해 알았지만, 오슬로는 세계에서 물가가 가장 높은 도시였다.

도심을 달려가는 동안 허름한 차림의 집시(gypsy)들이 뜨였는데 여름철이면 불가리아 등 동구에서 몰려온단다. 하루 구걸하면 자기 나라 1개월 수입보다 많다고 한다. 그런데 국경을 넘나들며 하는 구걸이 나그네 눈엔 낭만처럼 느껴지니 왜일까.

09시 25분 드디어 비겔란 조각공원 도착, 안내원의 설명을 듣고 약 40분간 경내를 돌아보며 관람을 하였다. 정면 입구부터 잘 다듬어진 보리수 가로수길, 인공호수에 걸쳐있는 다리와 동상, 인간의 일생을

묘사해 놓은 분수, 121명의 남녀노소가 조각된 높이 17m, 260톤 크기의 화강암 탑이자 최고의 걸작품인 모노리스(Monolith), 해시계 등. 약 850m에 이르는 거리에 비겔란(1869–1946)이 40여 년간 심혈을 기울여 만든 작품 193점이 공원 가득 놓여 있다. 전시된 조각품은 자연적인 인간 본연의 모습을 묘사하고자 남녀노소 할 것 없이 벌거벗은 모습으로 조각했다. 모태의 태아로부터 수많은 어린이 동상도 많이 전시되었는데 그중 두 주먹 불끈 쥐고 두 발 동동 구르는 '성난 아이'작품은 걸작이었다. 비겔란은 어린 아이의 화난 표정을 얻기 위해 초콜릿을 주었다가 빼앗았다고 한다. 이곳은 그의 유언에 따라 누구든지 무료로 드나들 수 있는 세계인의 공간이 되었으며 사계절을 통하여 사람의 발길이 끊이질 않는다고 한다.

비겔란 조각공원을 나와 약 15분 달려 도착한 곳은 바이킹 박물관, 그때 시각 10시 30분, 바이킹은 8~12세기에 걸쳐 유럽 각지에서 활약한 노르만족의 별칭인데, 호전적 모험적인 민족으로 해상을 무대로 상업하면서 약탈과 침략을 자행하여 당시 유럽 사람들은 바이킹에 대한 공포에 시달렸다. 캐나다 서북부까지도 진출하였는데, 그들의 침략행위는 척박한 환경에서 살아남기 위한 생존 본능이었다고 한다. 기독교가 들어오면서 바이킹 시대도 막을 내렸다는데 오늘날에도 북유럽 사람들은 모험을 즐기고 자립심과 독립심이 강하여 그 가치관은 바로 바이킹의 문화에서 비롯하였으리라 믿는다.

바이킹 박물관은 규모가 그리 큰 것은 아니었다. 내부에 들어서니 오세베르그(Oseberg), 고크스타드(Gokstad), 투네(Tune) 3척의 배와 그 안에서 발견된 유물을 전시하고 있는데, 피오르드에서 발견되었고 배의 이름은 모두 출토된 지역의 이름을 땄다.

오세베르그 호는 1904년 발견된 선박으로 박물관 입구에 놓여 있다. 800년대부터 50년간 사용되었던 여왕의 전용 배인데 아름다운 조각으로 장식되어 있다. 우리의 통일신라시대쯤 되리라. 오사 여왕이 죽은 후에 시신과 함께 매장되었다고 한다. 길이 30m, 최대 폭 6m인 이 배에는 각종 장식품, 부엌용품, 가구류 등의 부장품이 나왔다.

고크스타드호는 길이 23m 최대 폭 5m인 9세기 배로 32명이 노를 젓고 돛을 달아서 항해하는 전형적인 바이킹 선이다. 말, 개, 짐승의 머리로 장식된 침대, 3척의 보트 등이 나와 전시되어 있는데 1000년 전에 만들어진 배라고는 믿기지 않는다.

투네 호는 다른 두 척의 배에 비해 상태가 나빠서 배 밑바닥만 발견되었다. 길이 약 20m, 폭 4m 정도로 돛대의 모양으로 미루어 원거리 항해용이었던 것으로 추정된다. 3척의 배에 남은 보물들은 대부분 도굴되어 전시품은 많지는 않았다. 여담인데 바이킹의 평균키는 158㎝라 하여 놀랐다. 현재 세계에서 가장 장신은 그들의 후예 북구 인들이지 않은가.

바이킹 박물관 출발시각은 11시, 애초 계획은 오슬로 시청사와 카를

요한 거리를 관광하게 되어 있으나 시청사가 공사 중이라 하여 거쳐 오며 설명 듣고 달리는 차중에서 거리풍경을 카메라에만 담았다. 시청사는 하랄 왕이 1050년 오슬로 시의 기초를 확립한 지 900년이 되던 1950년, 시 창립 900주년을 기념하여 세워진 건축물이다. 1층의 메인 홀에서는 12월 10일에 열리는 노벨 평화상 시상식과 왕실 행사를 비롯하여 매년 400건이 넘는 크고 작은 행사가 열린다. 2층에는 뭉크의 '인생'이라는 그림이 걸려 있다는데 볼 수 있었으면 좋았을 걸 아쉬웠다. 참고로 노벨상은 스웨덴 스톡홀름에서 주관하지만, 평화상만은 노벨의 유언에 따라 오슬로 시청에서 시상식을 한다. 2000년 김대중 대통령도 이곳에서 평화상을 받았다. 거리는 몹시도 한산하다. 집시 5명이 무리지어 가고, 젊은 여인이 담배를 물고 간다. 행인이 담배꽁초를 스스럼없이 버리는 모습도 보였는데 이 청정한 도시에 담배꽁초를 다 버리다니, 선진국이라고 다 선진국민은 아닌 게로구나, 어쩜 외인일지도 모른다는 생각이 들었지만…,

11시 30분, 남강회관에 도착 한식으로 점심을 먹었다. 그런데 어제 스웨덴 스톡홀름에서 들렸던 식당과 상호와 메뉴가 똑 같지 않은가. 식사를 마치고 나오며 궁금하여 물었더니 형제간인데 형님은 스톡홀름에서 자기는 이곳 오슬로에서 터전을 잡았단다. 이곳 생활 20년째인데 먹고 살길을 찾아왔다고 했다. 고향은 경남 하동이고 처가는 군산이라 하기에 우리가 전주에서 왔다고 하니 반갑다며 웃음꽃을 피워낸다. 운영 실태를 물으니 연중 오슬로를 찾는 우리 관광객은 약 2만명, 그중 자기 집에 오는 손님은 약 4,000명으로 일식을 겸하고 있었다. 고국 방문은 연중 두 번, 하동과 군산을 오가며 양념 재료를 구매 공수(空輸)하여 오는데, 뱃길로 부치면 싸지만 두 달쯤 걸린다며 고충을 털어놓는다. 손님이 들어오니 유창하게 대화하며 안내를 하는데 모습만 한국인일 뿐 현지화가 다 되어 있었다. 떠나오며 사업의 번창을 진심으로 빌었다.

차에 올라 '보고'를 향해 출발, 그때 시각 12시, 장장 천 리 길, 중앙역을 거쳐 교외로 빠져나가니 6차선 고속도로, 조금 더 달리니 4차선으로 좁아졌다. 가는 길은 야생동물이 자주 출현한다며 급정거에 대비 안전벨트를 매라는 당부를 받았다. 80%가 삼림에 덮인 나라, 그중 자작나무가 50%가 넘고 적송과 전나무도 많았다. 거쳐 온 나라들도 삼림지대 수종이 대부분이 같았는데, 자작나무는 우리나라 롯데와 오리온 제과에서 이름이 나 있는 자일리톨 껌의 원료로 쓰인다. 주로 핀란드 산이 쓰인다지만 자연환경이 같아 노르웨이 산이라 하여 별반 다를 것 같지가 않다. 달리는 동안 노르웨이에서 가장 큰 호수 뫼사(Mjosa)를 거쳤는데 주변은 조금 높은 산들이 둘러쳐져 있고 매우 넓어 바다인지 호수인지 구별이 안 된다. 경관 아름다워 마치 그림 같은 장면에 크기가 100리 길도 더 될 것만 같다. 가는 도중 휴게소에서 1차 정차, 그때 시각 13시 20분, 휴게소 이름은 'By the Way'라고 간판이 되어 있다. 북구 나라들을 여행하며 궁금한 게, 별장과 집들을 대부분 나무로 지었는데 겨울철 한파는 어떻게 견디어 낼까. 휴게소 인근에 마침 민가가 있기에 한번 둘러보고 오리라 마음먹고 접근하여 집 모퉁이를 돌아 막 벽체에 손을 대려는데 주인인 듯 중년 남자가 급히 뛰어나오더니 의심 어린 표정으로 나가라며 손짓한다. 동양인이 외딴집에 들어 하는 짓이 얼마나 수상쩍었으면 뛰어나왔을지, 순간 경솔했던 행동을 뉘우치며 동행 없고 언어소통도 안 되는 터에 시비가 붙었으면 어찌했을지 미안한 생각에 한 손 들어 가벼이 흔들고 목례하며 급히 빠져나왔다. 제자리로 돌아오니 일행은 쇼핑결과 물건값이 비싸다며 둘러만 보고들 나온다. 휴게소에서 커피 한 잔 값이 우리 돈으로 8,000원 이라던가, 세계에서 가장 잘 사는 나라, 세계에서 물가가 가장 비싼 나라 실감이 간다.

휴식 후 다시 차에 몸을 싣고 내 달려가며 안내원이 두서없이 전하는 이 나라 정보인데, 뫼사 호수의 경제적 가치는 국민 1인당 140만 원이라고 한다. 호수가 16만 개인 나라. 북해 유전이 개발되면서 부국이 되었다. 원유는 수출하지만, 정유시설이 없어 석유는 영국과 덴마크에서 수입한다. 산업시설은 거의 없고, 조선소는 인건비 등 여건 변화로 지금은 없지만, 과거 조선기술 발달로 노르웨이 기술자가 현재 우리나라에 많이 진출해 와 있단다. 교민은 470명, 대사관은 한국만 있고, 북한은 1970년대 밀매로 전원 추방되었다. 농경지는 3%, 그나마 토질과 기후여건이 불량하여 과일과 채소는 거의 수입에 의존하는데 비쌀 수밖에 없는 가격 구조로 오이 3개에 5,000원 한단다.

14시 30분, 릴레함메르 휴게소 도착 두 번째 휴식시간. 1994년 동계올림픽 개최지인데 인구 35,000명의 소도시, 멀리 스키 점프장이 보인다. 주변경관 아름답건만 관광객만 뜨일 뿐 고요하다. 잠시 후 차에 올라 계속 들어보는 이 나라 정보인데 도 · 농 격차가 거의 없고 농가는 정부로부터 연 7000~1억 원 정도의 보조를 받는단다. 농가라야 목초재배 정도였지만, 국민 1인당 200억 원 정도의 풍족한 국고 금이 있다고 하니 입이 다물어지지가 않는다. 말 사육은 두당으로, 우유는 생산량에 따라 정부 지원금을 받는다. 겨울이면 대부분 휴가를 즐기는데 스페인도 많지만, 태국 인도네시아 등 여행비 싸고 풍광 좋은 동남아지역을 선호한단다. 그 때문에 2004년 12월 인도네시아 쓰나미 피해 때 북구사람들 매우 사상자가 많았다고 한다. 젊은이는 도시로 빠져나가고 농촌은 50대 이상이 주류를 이룬다 하여 이점은 우리와 사정이 같았다. 겨울철 부업으론 가축 돌보기와 눈 치우기 등인데, 눈 한 시간 치우면 8만 원 정도 받는다. 이 나라는 지형이 동부는 낮지만, 서부로 갈수록 산악지대를 이루어 농가도 점점이 산 중턱에 자리하고들 있다. 눈 치우는 일 4시간이면 30만 원이 넘는다 하여 물가도 비싸지만, 인건비도 비싸 산유국이기에 누리는 혜택이 아닌가 부럽다. 자연경관 좋고 정부혜택 크지만, 지역 여건상 외롭고 폐쇄적인 삶이라 하여 우리가 미처 모르는 어려움도 있구나, 와 닿는다. 산길을 달리던 중 노변 초지에 보니 웬 여인이 혼자 밭일을 하고 있다. 그런데 윗옷 다 벗고 브래지어만 살짝 걸친 채 삽질을 하는 게 아닌가. 어쩌다 눈에 뜨인 장면들이었는데, 시골 골목길을 윗옷 벗고 걷는 사람, 오타 강변을 벗고 뛰는 사람, 그러고 보니 도심에서 일광욕 장면도 볼거리였지만 벗고 사는 일 어딜 가나 예사로이 된 것만 같다. 그런데 우리는 사시사철 태양광 받으며 살갗 탈세라 햇볕 가리고들 사니 미처 모르고 사는 축복 아닌가. 창조주가 인간에게 내려준 축복이 나라마다 이렇게 달랐다. 신비하고 오묘함 느낀다.

17시, 솔베지의 마을(규드브란스달)을 지났다. 강변과 어우러져 옹기종기 멋이 있다. 작곡가 그리그의 페르귄트 모음곡의 배경지인 솔베지의 마을…, 그 슬프디슬픈 사연이요. 마을 유래인데,

"노르웨이 어느 산간 마을에 가난한 농부 페르귄트가 살고 있었고
같은 동네에는 아름다운 소녀 솔베이지가 있었다.
둘은 사랑했고 결혼을 약속했지만
가난한 농부 페르귄트는 돈을 벌기 위해 외국으로 떠난다.
갖은 고생 끝에 돈을 모아 고국으로 돌아오다가
국경에서 산적을 만나
그동안 번 돈을 다 빼앗기고 고생 끝에 겨우겨우 고향으로 돌아오지만…,
고향의 어머니는 이미 돌아가시고,
어머니가 살던 초가집에는 사랑하는 연인 솔베이지가
어머니 대신 백발노인이 되어 버린 페르귄트를 맞는다.
병들고 지친 페르귄트는 연인의 무릎에 머리를 누이고 눈을 감는다.
솔베이지는 꿈에도 그리던 페르귄트를 안고 '솔베이지 노래'를 부르며
솔베이지! 그녀도 페르귄트를 따라간다."

약 10분간, 꾸불꾸불 보구레산 2차선 길을 따라올라 목적지 보고(해

발 800m)에 도착, 론네스 호텔 123호실을 배정받아 입실 시각은 17시 25분. 가방만 들여 놓고들 바로 나와 등산길에 올랐는데 1.5㎞ 정도의 완만한 산행 길, 계절은 어느덧 6월이건만 바람 세차고 아직 잔설이 남아있다. 설경 배경 삼아 카메라에 담느라 여념들이 없었는데, 옷자락을 파고드는 바람이 차갑다. 곧바로 하산하여 식당에 든 시각은 19시, 노르웨이 전통 의상을 차려입은 여인이 날라 온 음식은 비프스테이크인데 입에 맞고 맛이 있다. 식대는 1인분 5만 원이란다. 고 물가에 이 나라 상주 외국인은 어찌들 살아가나. 식사를 마치자마자 아내와 단둘이 산책길에 나섰는데 그때 시각 21시 50분, 산 중턱 별장들이 관심이 간다. 오솔길 따라 별장에 오르니 출입문이 굳게 잠겨 있다. 아내와 번갈아가며 배경 삼아 사진을 찍고 나오려는데 돌연 뻐꾸기 울음소리가 들린다. 메아리가 되어 산 전체에 아름답게 울려 퍼져서 나갔다. 뻐꾹 뻐꾹! 딱 두 번, 그런데 어찌 두 번만 울고 말았을까. 그러고 보니 별장 접근을 알리는 인공경보음이지 않은가. 섬뜩한 생각에 부랴부랴 서둘러 나왔다. 돌아오는 길 차도에 들어서니 승용차가 지나가며 낯선 이방인에게 목례를 보내온다. 반가움에 손을 치켜들어 가벼이 답례를 보냈다. 호텔방에 돌아온 시각은 21시 40분, 날은 여전히 밝은 상태, 어둠이 내리깔리려면 아직도 두 시간은 더 지나야 하리라. 백야의 나라 보고에서 커튼 치고 억지로 잠을 청해 본다.

6월 2일(화) 노르웨이 보고, 맑음

우연히 눈을 떠 시계를 보니 02시 30분, 커튼을 젖히니 날이 활짝 밝았다. 누웠다 다시 눈을 뜬 시각은 04시 40분, 밝은 햇살에 앞산 너머로 장엄한 산줄기 설경 아름다웠다. 아내와 호텔 방을 나온 시각은 05시 30분, 새벽 산책길에 나섰는데, 마침 아내의 대녀 P 님 내외분이 나와 있다. 반가움에 인사 나누며 어제 오르던 비포장 산행 길을 따라 같이 오르는데 바람 거세어 손끝이 다 시려 온다. 중도에 포기하고 발길 돌려 왔다.

06시 30분, 호텔식 아침식사. 홀에 나오니 방명록이 놓여 있기에 읽어보니 구수하고 재미가 있다. 우리나라 관광객의 소감 글도 많았는데, 나는 여백에 '환상의 노르웨이 여행, 자연의 신비에 젖다.' 글귀에 아내 이름 같이 넣어 사인하였다. 보구레산 보고 론네스 호텔에 우리의 다녀간 흔적 오래오래 남을 것이었다.

07시 30분, 갈 길 멀어 서둘러 호텔문을 나섰다.

먼저 오늘 일정인데 오전에 바이킹 목조교회(스티브 교회)가 있는 롬과 툰드라지역인 그로틀리를 지나 노르웨이에서 가장 아름다운 피오르드로 꼽히는 게이랑에르~헬레쉴트구간 유람선 탑승 관광, 오후엔 뵈이야 빙하와 빙하박물관을 거쳐 세계에서 제일 긴 라르달 터널 경유 구드방겐을 향해 떠나게 되어 있다.

버스가 꾸불꾸불 산길 급경사 타고 10분쯤 내려오니 계곡에 오타 강물이 흐르고 강은 수량(水量)이 철철 넘쳐난다. 여기 해발 300m 지점에서 출발하여 강줄기를 타고 가며 계속 오르는데, 경사지마다 촌락과 나무집 별장들이 초지와 어우러진 게 마치 그림 같다. 지붕마다 흙이 덮여 있고 풀이 무성하게 자라나 있다. 여름철 방열과 겨울철 보온을 위해서라는데 흙 내림을 막기 위해 지붕을 두부모양의 칸을 만들어지어진 집들도 많이 목격되었다. 건물마다 지붕 중앙쯤에는 굴뚝이 있는데 벽난로용 시설물이리라. 집집이 마당에는 난로용 장작을 30㎝ 정도의 길이로 균일하게 잘라 가지런히 쌓아놓고 있다. 연료는 주로 자작나무가 쓰이는데 화력 좋고 불티가 안 일어난단다. 삼림 울창하고 제재소 많아 연료 걱정은 안 해도 될 것만 같다. 목축의 나라답게 우유차가 농촌 골목골목을 누비고 다녔다.

08시 45분, 롬에서 내렸다. 3,000명이 산다는 자그마한 촌락. 바이킹이 세운 목조교회가 동네 한가운데 우뚝 높이 서 있다. 노르웨이에 기독교가 전해진 건 10~11세기경이었다고 하는데 이 시기에 1,000여 개의 교회가 세워졌고 그중 현재 남아 있는 것은 약 25개라고 한다. 롬에 있는 이 교회도 12세기경에 지어졌다는데 지금까지 내려오며 사용되고 있다. 800년 이상 견뎌온 이곳의 교회들은 유네스코 문화유산으로 등록되어 있고, 교회는 빙 둘러 마당이 온통 비석으로 빼곡히 둘러쳐져 있다. 이처럼 이 나라는 사람이 죽으면 시신을 교회 마당에 묻는다. 꽃들이 놓여 공원 같은 분위기가 드는 게 인상 깊다. 화장은 40%, 매장은 60%라고 한다. 주변에 노르웨이 전형적인 400년 되었다는 농가와 3층 건물이 이채롭게 들어온다. 10여 분간 둘러보고 다시 차에 올라 다음 코스를 향해 달려가며 안내원과 문답식 대화가 이어졌는데, 내용이 흥미진진하고 재미가 있다.

먼저 교육제도인데 초 · 중 · 고등학교 과정은 한 학교에서 배운다. 교복이 없다. 시골 학교는 선생님이 이주하여 1~2명이 살고, 학생이 7~8명씩 선생님을 찾아가서 배운다. 대학교 과정까지 전액 무상이고 정부에서는 학자금을 3,000만 원 정도씩 준다. 18~9세면 부모로부터 독립해 나가고 학자금은 직장을 구하면 60%는 갚는다.

박사과정은 국가에서 500만 원의 월급을 준다. 그 탓에 고학력이 많다. 대학 나오고 직업 잃으면 실직 수당을 받는데, 매월 전 직장월급의 70%쯤 된다. 사람 살 수 있게 여건 만들어 주는 나라, 지상 천국 아닌가. 여성이 출산하면 출산휴가 12개월에 전액 월급을 받고, 남편도 3개월 휴가에 같은 혜택을 받는다. 양육비는 18살 될 때까지 나오는 나라, 출산율이 1.8%에 이르는 나라. 직장과 국회의원 여성 비율은 40% 이상 의무화되어 있다. 동거도 법적으로 결혼과 다름이 없고 출산신고도 역시 똑같다. 그러니 돈 들고 번거로운 결혼 많이들 않는다. 회사원이 안경 끼면 80%까지 회사에서 지원을 해주고 헬스수당도 준단다. 입원비는 무료. 단 치과는 본인부담이란다. 의사도 국가에서 월급을 받는데, 간호사는 모자라 외국 인력을 받는다. 우리 간호사도 130여 명 근무를 하고 있다는데, 그렇구나. 외국인도 7년 근무하면 영주권이 나오는데, 단 외국인과 결혼하여 4년 이내 이혼하면 추방된다고 한다. 안내원 전효성 씨도 2005년 11월 노르웨이 여성과 결혼하여 이곳 생활 4년째인데, 부인이 1년 휴가비로 500만 원을 받았단다. '요람에서 무덤까지' 바로 이런 나라가 아닌가.

공무원 보수수준은 첫 연봉이 약 5,500만 원, 오슬로 국립대학 6~7년 근무면 8,000만 원 정도이고, 사기업 평균은 8,000만 원~1억 원을 받는다. 별장가격은 약 4,000만 원, 집단지역은 2~3억 원까지도 하는데 국민의 3분의 1이 별장을, 또 3분의 1이 소형 보트를 소유하고 있다. 강 상류지점에 다다르자 눈 덮인 경관 아름다웠다. 차중에서 비경을 카메라에 담으랴, 흘러나오는 주옥같은 정보 놓칠세라 메모하랴, 바쁘다.

09시 05분, 노변 휴게소에서 잠시 하차. 계곡(해발 1,030m)은 얼어붙어 있고 도롯가에 쌓인 눈이 아직 두텁다. 8월이 되어도 눈이 다 안 녹는단다. 자욱한 안갯속 을씨년스러운 날씨, 설경 담아 사진찍기 들 바빴다. 다시 차에 올라 10여 분을 달리니 고갯마루가 나온다. 시야 확 트여서 좋고 반대편 내리막길이 시원하다. 깎아지른 듯 꾸불꾸불한 길을 타고 조금 내달려 가니 피오르드 끝자락이 나온다. 노르웨이에서 가장 아름답다는 게이랑에르 피오르드. 매우 아름다워 탄성을 질렀다. 어찌 이 좋은 풍광을 그냥 지나칠 수 있으리. 전망 좋은 노변에 하차 피오르드 위쪽 마을 플리달렌을 배경으로 모두 셔터를 얼마나 눌러댔는지 모른다. 다시 목적지 게이랑에르 피오르드 선착장에 도착 시각은 10시 45분, 차에서 내렸다.

11시, 드디어 유람선 탑승, 경관을 즐기기 위해 선상으로 올랐는데 차가운 날씨 속, 바람이 몹시도 거세었다. 모자 움켜쥐고 바람 막기 바빴지만, 세계 속의 이방인들과 어우러져 한마음 되어 즐기는 맛도 괜찮다. 여행에서만이 느껴보는 별미, 바로 이런 것 아닌가.

피오르드 생성 과정인데, 빙하 말기에 두께 1~3㎞의 엄청난 크기의 빙하가 산 아래로 밀려가면서 육지의 바닥을 긁어 깊은 골을 내고 그 자리에 바닷물이 들어와 만들어진 협만. 이것이 바로 피오르드다. 노르웨이의 그 수많은 피오르드 가운데 가장 아름답기로 소문난 곳, 바로 서해안에서 몇 개의 피오르드를 지나서 내륙 안으로 깊숙이 들어온 16㎞ 길이의 게이랑에르 피오르드. 수심은 1,000m라는 데도 파도는 없다. 나그네에겐 강인지 바다인지 구별이 안 되지만 갈매기가 날고 물이 짜 해초가 자라니 바다는 분명히 바다였다. 협곡은 장대하고 웅장하다. 유네스코가 자연유산으로 등재된 게이랑에르 피오르드, 해발 1,500m 훌쩍 넘는 눈 쌓인 거대한 산에는 구름이 그림처럼 걸려 있고, 여러 폭포 중 특히 신부의 면사포 같은 7자매 폭포는 하늘에서 흘러 퍼지는 듯 아름답다. 바람이 너무 차 선실로 내려오니 창가에 빙 둘러앉아 바깥 풍광에 시간가는 줄을 모른다.

12시 10분, 도착한 곳은 헬레쉴트 마을, 유람선으로 1시간10분 걸려서 왔다. 구름 낀 하늘 빗방울이 내비친다. 다시 버스에 몸을 싣고 달려간 곳은 인구 2만의 스트림 시, 그때 시각 13시 10분으로 때가 지나 조금은 출출하다. 점심 차 들린 곳은 CAFETERIA 식당. 연어찜에 감자를 곁들인 게 맛이 있다. 북구는 연어 관련 식단이 특히 많았는데 가는 곳마다 거의 빠짐이 없어 이번 기회 제대로 맛을 들인 것 같다.

14시 30분, 다음 코스 뵈이야 빙하지대를 향해 출발, 가는 길은 협곡도 많고 터널도 많다. 오늘 일정을 마치기까지는 무려 200개의 터널을 거쳐야만 한다. 계곡물은 어찌 그리 맑고 하늘 높은 줄 모르는 폭포는 어찌 그리도 지천으로 널려 있는지, 완주 소양 위봉폭포를 가끔 가족 나들이를 하며 사진 찍고 감상하던 일들이 우습기도 하고 왜소하게 느껴져 참으로 넓은 세상 보는 감격에 젖는다. 이 지역은 빙하지대, 지금도 평균 두께 650m의 빙하가 있다. 1㎞ 두께의 빙하가 만들어지기 위해서는 6㎞의 눈이 와야 하고 지구 상에 빙하는 7~8%를 차지한다고 한다. 빙하가 다 녹으면 해수면이 65m 올라오는데, 현실화되면 도쿄와 뉴욕은 3분의 1이 사라진다고 한다. 빙하가 강물처럼 움직인다고 하니 놀라웠다. 빙하가 옮겨다 놓은 돌을 빙퇴석이라고 한다. 넘쳐나는 게 강물이요 흔해 빠진 게 물고기일 것이건만 낚시꾼이라곤 없다.

낚시를 하려면 허가를 받아야 하고 하루 12만 원을 내야 한단다. 떡밥도 못 쓴다. 환경오염 예방 차원이라는데, 바로 태곳적 자연이 살아 움직이는 곳, 한없는 감상에 젖었다. 16시15분, 뵈이야 빙하지역 도착. 잠시 내려 눈 쌓인 일대를 관망하고 간단히 사진을 찍었다.

16시 30분, 빙하 박물관 도착, 약 45분간 관람하며 영화를 보았는데 이를 통하여 비로소 빙하의 실체를 느끼고 자연의 장엄함을 느끼게 되었다. 5000년 전의 미라도 사진으로 전시해 놓았는데 인상 깊다. 세계에서 빙하박물관은 캐나다와 노르웨이 두 곳뿐이란다. 빙하 녹은 물을 이용 수력 발전도 한다는데 노르웨이가 유일하며 그림과 실물을 통하여 설명을 들었다. 터빈이 녹은 물에 섞인 돌멩이에 손상 받은 실물을 보며 빙하지대 수력발전 쉽지 않은 일이로구나 실감이 갔다.

17시 15분, 빙하박물관 출발, 약 20분 달려 인구 3만의 송달을 통과하며 가면서 처음으로 피오르드를 가로지른 다리를 보았다. 피오르드는 수심이 깊어(1,000m) 교각을 세울 수 없어 다리를 놓을 수 없단다. 이곳만은 협곡 중의 협곡 이어 가능하였던 것 같다. 모처럼 활꼴 다리를 보니 반가웠다. 상황이 이러하여 부득이 배로만 운행하는데 이런 시스템이 송내 피오르드에만 250개소가 있다.

17시 55분, 만헬러 도착, 버스에 일행 탄 채 그대로 여객선에 승선하여 피오르드 건너 포드네스까지 갔는데, 걸린 시간은 약 15분, 이어 라르달로 이동을 하였다. 그곳에서 다시 세계에서 제일 긴 라르달 차량

터널(25㎞)을 거쳐 목적지 구드방겐에 도착 시각은 19시 20분, 어쩜 경관이 이렇게 아름다울 수가…, 전후좌우로 절벽을 이룬 산이 하늘 높은 줄 모르고 솟아 있다. 그 높은 산 정상에서 세 갈래 폭포수가 바람에 흩날려 흘러내리는 모습을 보면서, 볼수록 자연이 빚어 낸 작품이지 않은가 싶어 신비하고 황홀하여 눈길이 좀체 떨어지질 않는다. 유네스코 세계 자연유산으로 지정되었단다. 구드방겐 호텔 20호실을 배정받아 가방 들여놓고 바로 나와 SOUVENIRS 식당에서 저녁식사, 고기와 감자가 나왔는데, 그러고 보니 오늘 저녁 식단은 아무래도 계획이 잘못된 것 같다. 2차 행사로 돼지 바비큐를 준비했기 때문이었다.

20시 10분, 식사를 마치자마자 다시 2차 행사, 전주에서 동행한 전일관광 J 사장이 우리 일행을 위해 특별히 마련한 자리였다. 식당 뒤 피오르드 변 노천에 그릴 죽 늘어놓고 숯불 피우느라 눈물 콧물 짜며 부산떨고 석쇠 얹어 고기를 구워 먹는 맛 운치가 더하여 얼마나 좋았던지. 그런데 뒤에 들었지만 돼지고기 값은 10만 원에 각종 채소값은 20만 원 들었단다. 이쯤 되면 돼지고기로 채소를 싸 먹는 형국 아닌가. 물가 상황이 이처럼 우리와는 완전히 달랐다. 채소는 거의 수입에 의존하기 때문이었다. 행사 끝에 비가 쏟아져 부랴부랴 정리하고 뿔뿔이 헤쳐 돌아왔다. 호텔 방 돌아오니 21시 30분, 종일 눈가루에 비구름에 젖은 날씨, 오락가락 종잡을 수 없는 하루요, 500㎞ 여정 볼거리 많은 하루였다. 밤은 밤이로되 백야의 밤이로다.

6월 3일(수) 노르웨이 구드방겐, 흐림

새벽 1시 30분, 눈을 뜨니 밤하늘이 훤하다. 그런데 05시 30분이 되어도 빛이라곤 없다. 밖을 올려다보니 첩첩이 산, 햇빛 무척 귀할 것 같다.

먼저 오늘 일정인데, 오전에 Flam 역에서 관광열차 이용 효스 폭포 관광, 다음 코스 베르겐으로 이동하여 한자동맹 시절의 브뤼겐 거리와 어시장 관광. 오후엔 작곡가 그리그의 생가를 돌아보고 낙뉘르 댐을 거쳐 야일로를 향해 떠나게 되어 있다.

08시, 호텔문을 나섰다. 버스가 출발하자마자 잠시간인데 터널이 나온다. 이 나라 두 번째 긴 터널(11.8㎞)이었는데, 터널 공통점은 대부분 굴곡이 지고, 벽은 자연 그대로이며 조명시설은 어둡다. 우리나라의 흔히 일직선 터널과 밝은 조명이 대비되어 궁금했는데 교통사고 예방을 위해 부러 그렇게 해 놓았단다. 터널 벽도 공사 당시의 바위벽 그대로 유지가 되어 있어 불현듯 철원에서 본 땅굴 생각이 났다. 전방 근무하는 아들 덕에 휴전선 넘어온 지하 땅굴을 보았는데 암반을 뚫느라 생긴 드릴 자국이 그대로 남아있었다. 얼마나 전율을 느꼈던지…,

08시 20분, Flam 역 도착, 차에서 내렸다. 협곡에 자리한 조그마한 촌락인데 폭포수와 관광열차와 거대한 여객선이 어우러져 멋이 있다. 캠핑카(주거형태의 이동차량)도 많이 뜨였는데 국민의 3분의 1이 소유

했다 하여 부국의 면모 느껴진다.

08시 35분, 관광열차 승차. 전동열차인데 열차 내 외부가 붉은색으로 치장되어 화려하고 깔끔하다. 이 나라는 오직 수력발전뿐이고 남아도는 전력은 수출한단다. 관광열차 구간은 24.5㎞, 약 1시간 거리인데 승차권은 1인당 약 55,000원, 서서히 고지를 향해 달렸다. 오를수록 계곡을 흘러가는 강이며, 강변의 방갈로 형 건축물이 그림처럼 아름답다. 터널도 무려 20여 군데 거쳤는데, 터널 탓에 아름다운 경관 카메라에 담으려 초점 맞추면 어느 사이 막히기를 여러 번, 한참을 오르는 중인데 앞칸에서 와! 함성이 터져 나왔다. 이번엔 우리가 와! 함성. 앞칸엔 중국 여행객들이 탔는데 거의 동시에 절로 나온 탄성이었다. 그때 시각 09시 05분, 바로 효스 폭포였는데, 장엄하기 이를 데가 없다.

열차가 잠시 멈춰 사진 찍을 여유를 준다. 폭포 낙차 93m, 폭포수가 흘러내리며 뿜어대는 부연 안개까지 곁들인 게 매우 아름다워 꿈인가 생시인가 싶다. 바로 물의 요정 아닌가. 다시 열차에 올라 Myrdal 종착역에 도착 시각은 09시 25분, 해발 866.8m 고지, 바람이 차다. 관광열차는 Flam 역에서 이곳까지만 오고 다음 목적지를 가기 위해서는 일반열차로 갈아타야 한다. 30분간 역 구내에서 쇼핑시간을 가졌는데 날씨 차서인지 쇼핑 장으로 몰려들어 분위기 왁자그르르하다. 일행 K님이 사서 쓴 Norway 표기 모자가 멋이 있다.

09시 55분, 일반열차에 몸을 싣고 Myrdal 역 출발. 도스 역을 향해 달렸다. 신기한 건 눈 덮인 산야 군데군데 신록이 피어났다. 눈이 다 녹아내린 다음에 피어나야 순리일 것 같은데 아마도 특수 수종인가 보다. 호기심에 중국인 칸으로 이동하였다. 우리와 비슷한 연령층인데 무척 검소하다. 행색으로 보아서는 도저히 여행객으로 믿어지지가 않았다. 우리 부부는 현지실정에 맞는 옷 고른다며 안골사거리 옷가게 드나들기를 여러 번, 저럴 테면 평상 입는 옷 입고와도 아무런 부족함이 없었을 것을…, 대부분이 겨울옷 있는 그대로 차림들 아닌가. 환상의 고산 열차여행도 1시간여 만에 끝나고 도스 역에서 내렸다. 화장실 들려 용변들 보고 나오는데 어느 외국 여행객, 수도꼭지에 양손 슬쩍 스치더니만 그것으로 끝이었다. 차라리 물이나 묻히지를 말든지, 하도 우스워 나오며 한참이나 웃었다.

11시, 버스에 몸을 싣고 출발, 베르겐으로 이동하는 동안 43개의 터널을 거쳤다. 거쳐 오는 동안 보이는 물은 모두 피오르드라고 한다. 그런데도 나그네 눈엔 강으로만 보인다. 어찌 저 길고 긴 협곡을 바닷물이라 할 것인가. 그런데 물 흐름이 없고 갈매기 나니 바다는 바다였다. 또 특이한 건 3개국을 거쳐 오는 동안 군인, 경찰이 단 한 사람 뜨이질 않는다. 치안이 스스로 지켜지는 나라들 아닌가. 밀도 높아 부대끼고 사느라 문제도 많고 탈도 많은 나라에서 살아오며 이들 나라를 보노라니 경이롭고 신비하다.

12시 25분, 드디어 베르겐에 도착, 인구 25만 명, 중심가에서 내렸다. 베르겐은 노르웨이 제2의 도시이자 항구도시인데, 크고 작은 유람선이 유유히 떠돌고 요트가 곳곳에 한가로이 걸려 있다. 밝은 색으로 채색된 집들이 그 넓은 바다를 빙 둘러싸 있어 화려한 도시모습 한눈에 들어온다. 베르겐은 1070년 이래 12세기에서 13세기에 걸쳐 노르웨이 수도였다. 1299년 수도가 오슬로로 넘어간 이후에도 베르겐은 교역 중심지로 물고기와 모피를 수출하고 곡물과 공산품을 수입하는 등 한자동맹이 막을 내린 17세기까지 400년 동안 번영을 누렸다. 브리겐 거리의 한자동맹건물은 그 시대에 많은 상인이 들어 와 거주지와 창

고 등으로 이용한 목조 건물들인데, 1702년 대화재로 소실되었던 것을 1704년 독일인들이 그전 모습으로 다시 지었다고 한다. 1990년 유네스코 세계 문화유산으로 등록되었다.

약 1시간 동안 자유 시간, 아내와 한자동맹 건물 뒷골목을 돌아 나와 사진을 찍으려는데 낯선 여인이 다가온다. 모습이 우리와 닮아 한국에서 왔느냐고 물으니 만면에 웃음을 짓더니 그렇단다. 이렇게 반가울 수가…, 대화를 나눠보니 분당에 사는 모녀였다. 한 달 계획으로 유럽을 여행 중인데 20일째 되었고, 지금까지 거친 곳은 스페인, 모로코, 독일과 덴마크를 거쳐 이곳에 왔는데, 이후 코스는 스웨덴과 핀란드라고 한다. 딸은 20대 후반이나 되었고 엄마는 나이 채 50이나 되었을까. 처음엔 친구사이로 알았다. 언어소통을 물으니 딸이 약사인

데 여행하는데 큰 불편은 없단다. 딸은 겸손한 모습에 엄마는 활달하다. 기념사진 찍자 하니 흔쾌히 응해준다. 우리 부부와 한자동맹 건물을 배경으로 나란히 사진을 찍었다. 잠시의 만남이 되었지만 헤어지기 아쉬워 앞으로 남은 여정 무사여행을 하자며 진심으로 서로 격려하며 작별의 인사를 나눴다.

어시장은 브리겐 거리에서 도보로 2~3분이나 될까, 트로에트 거리와 항구 사이의 광장에 자리하였는데 명성과는 달리 규모 작고 노점상 같은 인상이 풍긴다. 그런데도 한자동맹 시대부터 내려온 유명한 명소란다. 지금도 이 어시장은 당시의 영업형태와 규모를 그대로 유지하기 위하여 점포의 수나 규모, 취급품목, 장사하는 방법까지 베르겐 시에서 간섭한다고 한다. 수십 개의 간이 좌판대에는 연어를 중심으로 노르웨이 근해에서 많이 잡히는 싱싱한 생선과 그 가공품들을 맛보고 살 수 있다. 생선종류 외에도 과일, 채소, 꽃, 기념품도 팔고 있어 종합시장 같은 느낌이 들었다. 맛보기로 일행이 연어 한 마리를 샀는데 값은 50유로(약 9만 원), 그런데 회 뜨는 삯이 별도로 30유로(약 54,000원)란다. 생선 사면 회 뜨는 일이야 거의 무료이지 않은가. 물가 비싼 나라 절로 실감이 간다.

13시 25분, 점심 차 가까운 음식점에 안내되었는데 건물 모양이 낡고 마치 거대한 창고 같다. 들어서니 조명마저 어둡다. 그런데 찬찬히 뜯어보니 시설이며 식탁이며 분위기가 고풍스럽게 느껴진다. 300년 된 건물이란다. 주인장은 40대 후반쯤의 키가 큰 한국 여성이었는데 고향은 밀양이고 안내원 생활을 거쳤단다. 순수한 한식에 늦은 점심에다 인심마저 후하여 내 나라에 든 느낌이 들었다. 식사를 마치고 나오며 보도를 걷다 보니 도로는 아스팔트 대신 돌을 깔아 놓았다. 터널에서 나온 돌을 이용한다고 한다. 이를 보노라니 문득 로마 여행 때 '트레비 분수대' 골목길을 걷던 생각이 났다. 사각의 돌로 촘촘히 골목길을 깔아 놓았는데 관광객 발길에 닳고 닳아 빤질빤질 윤이 나 도시미각을 더해 주었었다. 이런 것이 다 관광 상품 아닌가. 명품도시는 절로 되는 것이 아님을 느낀다.

14시 10분, 노르웨이가 낳은 작곡가 그리그 생가를 향해 출발하였다. 가는 동안 안내원의 입담이 시작된다. 운전면허관련 소식인데 면허 취득하려면 400만 원쯤 들고, 1시간(40분) 수강료는 9만 원, 한번

떨어지면 28만 원 내고 다시 보는데, 시험이 까다로운지 어느 부인은 2,800만 원 들이고도 여태 취득을 못 했단다. 우리나라에는 없는 시험이 두 가지인데, 야간도로 운행시험과 빙판길 운전 시험이며, 11월이면 스노타이어를 의무적으로 바꾼다. 겨울철은 하루 중 대부분이 밤인데다 빙판길이 되어 그리하는 것 같다. 약 10분 달려 그리그 생가 도착, 입구에는 이름 모를 붉은 꽃이 유난히도 화사하게 피어 있다.

그리그(Grieg, 1843~1907)는 노르웨이가 자랑하는 세계적인 음악가로 베르겐에서 태어났다. 그의 생가는 트롤하우겐이라 불리는 호수 근처 언덕에 자리하고 있는데, 그의 나이 39세 때 이사를 와 64세 죽을 때까지 살았던 집이다. 생가에는 '피아노 협주곡' '페르귄트' 등 대표작을 남긴 그리그가 사용했던 피아노, 악보, 편지, 초상화와 가구 등이 전시되어 있다. 생가에서 조금 떨어진 언덕에 만든 별실은 아담한 콘서트 홀로 꾸며져 있고 지붕은 전통가옥으로 꾸며져 풀이 자라 덮여 있다. 지금도 세계적인 음악가들의 공연이 열린다. 호수와 울창한 숲, 자연경관이 아름다워 악상이 절로 떠오를 것만 같다. 그리그는 실제 악상이 떠오르지 않을 땐 주변을 산책하며 골똘히 구상하였다고 한다. 그리그는 덴마크에 사는 11년 연상 외사촌 누나 니나를 무척 사랑하여 가족의 반대를 무릎 쓰고 결혼을 하였다. 그리그가 사망하자 노르웨이 정부에서는 국장으로 장례식을 치렀다. 그리그와 니나의 무덤은 그의 유언에 따라 바다가 바라다보이는 암벽 중간에 바위를 파고 그 안에 안장하였다. 돌아오는 길에 그리그의 동상을 배경으로 카메라에 담았는데 키가 무척 작았던가 보다. 실물 크기의 그리그 동상은 158㎝, 노르웨이

극작가 입센이 이 나라의 설화를 배경으로 글을 쓰고, 이 나라의 민족 음악가 그리그가 작곡한 페르귄트 모음곡 일부인 '솔베이지'의 구슬픈 노래가 오늘따라 그리워지고 마치 귀에 들릴 것만 같다. 그 가사인데,

그 겨울이 지나 또 봄은 가고 또 봄은 가고
그 여름날이 가면 더 세월이 간다. 세월이 간다
아! 그러나 그대는 내 님일세 내 님일세
내 정성을 다하여 늘 고대하노라 늘 고대하노라
아! 그 풍성한 복을 참 많이 받고 참 많이 받고
오! 우리 하느님 늘 보호하소서 늘 보호하소서
쓸쓸하게 홀로 늘 고대함 그 몇 해인가
아! 나는 그리워라 널 찾아가노라 널 찾아가노라.

15시 20분, 그리그 생가를 떠나와 목적지 야일로를 향해 출발하였다. 오던 길 도스 역을 거쳐 구드방겐 계곡과 터널을 지나 Flam 역을 통과한 시각은 17시 45분, 일부 구간은 한번 거친 길이 되어 다시 달리는 기분 새롭다. 갈 길 멀고 무료하여 J 사장의 사회로 차중 노래가 몇 차례 돌아갔는데, 노래는 역시 여성이 불러야 제 맛나고 분위기 형성에도 좋은 것 같다. 이젠 낯이 익어 스스럼없는 사이, 여행의 진미가 아니고 무엇인가. 처음으로 단선 터널을 거쳤는데, 이 험준한 고지대에 단선 터널이라니, 아찔한 생각이 든다. 꾸불꾸불 산길을 기어올라 피오르드가 그림처럼 내려다보이는 산 중턱지점에서 잠시 하차 휴식을 취했다. 쉬는 동안 나는 일행에게 음료수(맥주, 콜라)를 제공하

였는데, 맘씨 좋은 운전기사 만나 차중 거래가 되어 소요경비는 단돈 29유로(약 53,000원), 내친김에 맥주 이야기인데, 알코올도수 2도에 불과하여 유럽인들 맥주를 음료수 대용한다 하여 설마 하였는데, 이해가 되었다.

18시 30분, 출발하여 해발 900m 지점에 이르니 나무 점점 적어지더니 낙퀴르 댐(해발 1,000m)에 이르러서는 호수가 꽁꽁 얼어 있다. 나무라곤 없는 바위산에 설경 아름다웠다. 첩첩 산이건만 별장은 많았다. 노르웨이에서 별장이 제일 많은 지역이라는데, 겨울철 스키 타러 인기지역이라고 한다. 날씨가 변덕이 심하여 구름이 덮이다 걷히다 하더니 갑자기 눈발이 몰아친다. 와! 모두 함성을 질렀다. 달리던 길 멈추고 모두 차에서 내려 사진 찍기 바빴는데, 때는 6월, 이 햇볕 따가운 계절에 이역만리 날아와 눈보라를 다 맞다니 흥분을 감출 길이 없다.

19시 55분, 드디어 목적지 야일로 USTEDALEN 호텔에 도착 226호실을 배정받아 방에 들었다. 해발 800m 고지, 이곳은 스키장이 3개소라던데, 창 너머 보니 스키 활강경주장 잔설이 을씨년스럽게도 남아 있다. 20시30분, 저녁식사. 호텔 뷔페식인데 산책을 위해 아내와 서둘러 마치고 옷 단단히 여미고 들판 호수를 향해 걸어서 나갔다. 찬바람에 손끝이 시려 온다. 번갈아가며 호수 배경 삼아 사진을 찍으며, 긴 추억 남기자며, 아내와 노래 두 세 곡을 불렀는데, 어슴푸레 호숫가에 울려 퍼지는 노랫소리, 피로 가시고 탁 트이는 기분을 느낀다. 그때 시각 23시. 홀에 돌아오니 일행은 두 팀으로 나뉘어 둘러앉아 담소에 젖어들 있다. 피아노 반주에 맞추어 프랑스 여행객 노부부들이 홀에 나가 춤추는 모습이 아름답다. 저들을 보고 누가 지는 해라 하겠는가. 아름다운 황혼기 인생, 아름다운 황혼이여…,

6월 4일(목) 노르웨이 야일로, 맑음

간밤 자정 넘어 잠자리 들었는데 백야현상에 달마저 높이 떠 백야(白夜)인가! 월야(月夜)인가! 04시에 기상하여 다녀온 코스 일지정리.

09시, 호텔문을 나섰다. 먼저 오늘 일정인데 오늘은 온종일 버스만 타는 날, 이곳을 출발하여 크뢰단 호숫가의 할링달 경유, 오슬로 도착 점심을 먹고 오후엔 스웨덴 예테보리로 떠나게 되어 있다.

오늘은 노르웨이 3박4일간 여행 마지막 날, 안내원은 지나온 여행지를 되돌아보며 요점 정리 식 설명을 다시 한번 들려준다. 나는 그동안 비교적 소상하게 보고 듣고 기록하여 크게 새로울 것 없지만 빠진 것만 골라 잡기장 식으로 기록을 해보는데, 첫 관심사항으로 부모는 자녀를 때릴 수 없단다. 때리면 처벌을 받는다. 자녀는 곧바로 경찰에 전화한다는데, 이래도 되는 건지, 부모 · 자식 관계를 법으로 다스려야 하는 건지 고개가 갸우뚱해진다. 동물 학대도 같다고 한다. 삼양라면 값은 1개에 4,000원, 택시 기본요금은 16,000~17,000원이라는데 이쯤 되면 살인요금이 아닌가? 의문이 가고, 이 나라는 고사리, 참나물, 취나물을 먹을 줄을 모른다는데, 그 탓에 산야에 지천으로 널려 있단

다. 오슬로에는 한인 교회가 1개소인데 친목이 목적이고, 범죄 없고, 교통사고 거의 없어 경찰이 할 일이 없다. 지역신문은 사투리, 자전거 도난내용까지 나오고, 정치신문은 주민 사망사건까지도 나온다. 나라가 적어서 그렇단다.

25분쯤 달릴 때인데 여성회원이 카메라를 호텔에 놓고 왔다며 긴급 동의가 들어 왔다. 안내원은 휴대전화로 바로 호텔에 전화하여 228호실 확인 요청을 하였는데, 잠시 후에 회신 전화가 왔다. 찾았단다. 다른 팀을 통해 전해 올 수 있도록 협의가 되었다. 카메라는 분실을 면하여 다행이지만, 외국 나와 카메라 없이 여행할 것을 생각하니 듣는 내가 다 답답하다.

10시 40분, 크뢰단 호숫가의 할링달 도착, 용변 겸 휴식을 가졌는데.

무척 넓은 호숫가에 이름 모를 꽃 아름답게 피어 있다. 북구를 여행하며 제일 많이 눈에 뜨이는 게 있다. 바로 물인데 가는 곳마다 강이요 가는 곳 마다 호수다. 계곡물은 어찌 그리 맑고 폭포수는 어찌 그리 철철 쏟아져 내리는지 네덜란드와 핀란드 하늘을 날아올 땐 내려다보이는 도시와 산천의 넘쳐나는 물을 보며 신이 내린 축복받은 나라들 아닌가 감탄을 하였다. 물의 충만한 정기에 문명의 싹 일찍 틔워 앞서가는 나라들 되었지 않은가. 크뢰단 호수와 할링달 경관에 매료되어 잠시지만 거쳐 온 길 돌아보며 자작 흥미에 젖어본다.

12시 50분, 할링달을 출발한 지 약 1시간 달려 수도 오슬로에 돌아왔다. 점심 차 찾은 곳은 남강식당, 나흘 전 들렀던 바로 그 식당인데 반가웠다. 여행거리 약 1,540㎞, 우리 개념으로 약 4천 리 버스 길을 돌아와 주인장을 다시 마주해 보는 정감이 좋다. 인사 나누노라니 새로운 맛 느낀다. 인지상정이지 않은가.

13시 25분, 노르웨이 여행은 사실상 끝이 나고 스웨덴 예테보리에 가기 위해 차에 올랐다. 전효성 안내원이 차에 따라올라 와 마이크를 잡더니 작별을 고한다. 3박 4일간 이 나라 여행하는 동안 동행하여 안내 열심히 잘 해주었는데 아쉽고 섭섭하다. 보통체격 미남형에 노르웨이 여성 만나 국제 결혼하였는데, 아무쪼록 건강하여 오래오래 행복 누리고 살도록 빌었다. 돌아서는 뒷모습에 나도 모르게 순간 눈물 핑그르르 돈다. 이래서 한 겨레요 한 핏줄이라 하나 보다. 우리의 소중한 인적자원에 소중하기 그지없는 이역 동포가 아닌가.

이제부터 안내는 덴마크 수도 코펜하겐에 당도하기까지 전일 관광 J 사장이 대신하였는데 육로로 이 노선은 처음 길이란다. 관광경력 30년, 노련미에 안심은 된다. 유럽 여행의 꽃은 버스 투어다. 구경하고 잠자며 풍광을 즐길 수 있기 때문이라는데 듣고 보니 동감이 간다. 고속도로는 비교적 한산하고 서부권과는 달리 야트막한 숲 지대 전원 풍경 아름답다. 차창 밖으로 현대 사무실 간판이 스쳐간다.

14시 55분, 스웨덴 국경을 넘었다. 국경 표시는 보이질 않는다. 운전기사 헤르오켈씨는 자기 고향이라며 반기고 버스는 정차 없이 그대로 달렸다.

15시 15분, 휴식 겸 면세품신고를 위해 국경 가까운 첫 번째 소도시에 내렸는데 세관이 보이질 않는다. 대형 상점에 들러 쇼핑만 하다 왔다. 달려오는 길엔 풍차마을이 많았는데, 광활한 들판 위에 늘어선 풍차 시설에 낮은 먹구름, 하늘과 지평을 누비며 뭉게뭉게 흘러가는 게 그림 같기도 하고 영화 장면 같기도 하다. 고속도로에 차량이 점점 많아지기 시작하더니 드디어 목적지 예테보리 도착, 오슬로에서 이곳까지 멀고도 먼 길, 소요시간 4시간 20분으로 566㎞를 달려왔다. 인구 65만 명, 스웨덴의 제2 항구도시로 붉은 지붕의 집들이 죽 늘어서 도심을 형성하고, 녹지 공간이며 도시 경관 깔끔하고 간판들이 잘 정비가 되어 있다.

17시 45분, 저녁식사 차 찾은 곳은 중국 음식점 YAMMY, 일정 서둘

러 온 탓에 식사자리 여유롭다. 밖에 나오니 옷깃을 파고드는 바람 찬데, 현대 ATOZ 가 거리를 누비며 바람결처럼 달려간다. QUALITY HOTEL 217호실을 배정받아 든 시각은 18시 50분, 만사 접어놓고 쉬었다. 남은 일정을 위하여…,

6월 5일(금) 스웨덴 예테보리, 흐림.

잠자리 뒤척이다 눈을 뜬 시각은 04시 20분, 아내와 일찍 산책길에 나섰다. 바다같이 넓은 예타 강, 양안의 즐비한 건물이며, 그 사이를 잇는 푸른 다리가 멀리 강어귀 높이 떠 있는 게 운치 있게 바라다보인다. 예테보리는 예테보리오크보후스 주도인데, 1603년 국왕인 카를 9세가 세웠고 그 당시 스웨덴에서 대서양으로 직접 빠져나갈 수 있는 유일한 통로였다. 북쪽의 히싱킨 섬에는 스웨덴에서 가장 큰 조선소가 있다는데 입지 조건은 최상일 것 같고, 큰 배들이 드나드는 것을 보면서 무역의 도시라는 걸 느낀다.

강변도로는 나무로 된 산책로와 중간마다 휴식공간을 잘 만들어 놓았다. 난간에 통나무 의자도 만들어 놓았는데 앉아 사진을 찍자니 오금이 다 절여온다. 안전시설이라곤 없어 자칫 강물에 빠져들 수도 있기 때문이었다. 이만한 도시경관에 이만한 강변로 시설에 난간 안전시설이 전혀 없다니 고개가 갸우뚱해진다. 강변 미관과 걷는 중 긴장감을 위해 부러 고안된 산책로일지 모른다는 생각이 들었다. 물고기 형 조각이며 꽃으로 단장된 잘 다듬어진 정원을 지날 때면 놓칠세라 아내는 카메라를 들이댄다.

08시 05분, 다음 코스를 향해 출발하였다. 예테보리는 오슬로에서 코펜하겐을 가기 위해 잠시 거쳐 가는 도시인 셈이었다. 구름 덮인 날씨건만, 스웨덴의 전원 풍경 여느 곳과 다름 없이 풍요롭고 아름답다. 가는 도중 무료함을 달래기 위함인지 안내원 겸 J 사장이 갑자기 행복의 조건 일곱 가지라며 설명 붙여 마이크에 쏟아댄다. 7번-운동, 6번-금주, 5번-금연, 4번-교육, 3번-결혼, 2번-유머, 마지막은 적당한 체중이란다. 듣고 보니 그럴듯한데, 생각하기 나름이여 그러려니 웃으며 넘겼다.

09시 30분, 휴게소에서 잠시 하차, 화장실을 들렸는데 남녀 공용이다. 여자 틈에 줄을 서 있기 거북하여 주변을 돌고 돌아도 남자용 변기가 따로 없다. 뒤뜰 틈새 찾아보려니 그마저 마땅찮다. 주위 맴돌며 기다리다 맨 끝에 용변보고 나오며 불평을 하였는데 이 나라의 공중 화장실 문화가 그렇단다. 유니섹스의 나라라더니 실감이 가고 내 참! 쑥스러워, 그것 하나는 시정되었으면 좋겠다.

10시 50분, 스웨덴 마지막 도시 헬싱보리 부두도착, 덴마크와 가장 가까운 도시로 직선거리로 약 5㎞ 떨어져 있다. 뱃길로 약 25분, 잠시 후 일행 차에 탄 채 그대로 훼리호에 승선하여 바다를 건넜다. 드디어 덴마크 땅 헬싱괴르 항 도착. 그때 시각 11시 30분, 빗방울을 뿌려댄다. 바로 수도 코펜하겐을 향해 달렸는데, 낮은 구름 전형적인 유럽 날씨에 앞서 거쳐 온 나라들과는 달리 들판엔 밀밭이 많았다. 가로수 수종도 달랐는데 활엽수가 무성하게들 자라있다. 골프장도 눈에 띈다. 시내에 접어들수록 적색 건물 많고 도시미관 아름다웠다. 고층빌딩은 그리 눈에 띄지가 않았는데 이점은 북유럽 어딜 가나 비슷하다.

12시 30분, 점심 차 내린 곳은 코펜하겐 중심가, 사방이 적색 건물인 터에 2층 시내버스마저 붉은색을 띄우고 달려간다. 바람 불고 쌀쌀 한 게 마치 초봄 날씨 같다. 에디리비툼(Adlibitum)레스토랑에 들렸는데 그 사이 비바람이 한바탕 큰 난리를 쳤다. 점심은 뷔페식에 손님이 어떻게 많은지 뱀 꼬리처럼 길게들 늘어서 있다. 자리만은 예약된 게 그나마 다행이었다.

13시 30분, 버스에 올랐다. 여성 안내원이 반갑게 맞이해 준다. 자기 소개인데 이름은 이 아나씨, 전주 이씨로 30대 후반쯤이나 될까, 건강한 체격에 서글서글하고 활달하다. 아버지는 전주고 32회 출신. 아버지 따라 외국 생활을 하였는데, 영국에서 3년, 지금은 덴마크에서 부모님과 함께 16년째 살고 있다. 친정은 분당이었단다.

오늘 오후 일정인데, 덴마크 여왕 별궁과 셰익스피어의 소설 햄릿의 배경 무대로 쓰인 크론보그성을 들러보게 되어 있다.

먼저 이 나라 개요인데, 인구는 약 530만 명, 면적은 경상남북도의 크기에 수도는 코펜하겐이며 인구 약 130만 명, 주요민족은 북 게르만계의 데인 족, 언어는 게르만계의 덴마크어인데, 대다수 국민이 영어를 구사한다. 종교는 루터복음교 88%, 1인당 국민 소득은 67,000$ 세계 제6위, 기후는 멕시코 만류의 영향으로 온화하나 연중 바람이 많고 겨울에는 기후 변화가 심하다. 평균 기온은 2월은 영하 0.4℃, 7월은 16.6℃이며 연평균 강우량은 664mm, 북유럽에 있으면서 유럽 본토와 연결된 유일한 스칸디나비아 국가이며, 목축의 나라로 알려졌지만, 국가 경제에서 차지하는 비중은 5%에 불과하단다.

아울러 안내원이 들려주는 이 나라 관련 상식인데, 자동차 등록세가 175%나 되어 우리의 마티즈가 덴마크에서는 2,700만 원은 있어야 굴릴 수가 있다. 벤츠도 독일에서 1대 값은 이 나라에서는 3대 값을 들여야 살 수가 있다는데, 그 탓인지 거리엔 소형차들이 많았다. 1947년

세계 최초로 인슐린을 만든 나라. 의료와 수술 기기가 매우 발달하였다. 국민체조가 덴마크에서 나왔다고 한다. 다이어트는 우리나라에서는 미용 건강을 위해서 살이 찌지 않도록 먹는 것을 제한하는 일로 인식하고 있으나, 덴마크에서는 수술해야 할 환자가 비만일 경우 수술이 어려우므로 절식 등 일단 살을 뺀 다음 수술을 한다고 한다. 다이어트 용어가 덴마크에서 유래하였음을 처음 알게 되었다. 이 나라는 국민 건강과 건강보험 절감차원에서 비만을 철저히 관리한다고 한다. 교포는 250여 명으로 단기 연수생이 많다. 유학생도 학비를 지원받는다는데 우리 유학생은 적단다. 말 목장이 특히 많고 승마를 즐겨 한다. 국가 경쟁력 1위인 나라, 고 박정희 대통령은 국가 모델을 덴마크와 이스라엘에서 찾았다고 한다. 우리나라 교과서에도 실린 덴마크의 달가스(1828−1894)대령, 덴마크는 그의 활약으로 토지개량사업, 토지매립

사업을 일으켜 경작지를 넓히고 경쟁력 있는 낙농산업으로 나라를 이끌었다. 그 결과 세계적인 낙농 국이 되었으며 산업국가 시발점이 되었다. 이를 본받아 우리나라 새마을 운동의 모델이 되었다.

14시 15분, 덴마크 여왕 별궁 도착, 차에서 내려 조금 걸으니 백색 건물, 청색 지붕의 여왕 별궁이 자태를 나타낸다. 정문에는 출입금지 쇠줄이 걸쳐 있고, 내부는 인적 없고 적막함이 감돌았다. 과거에는 여왕이 사는 곳이었는데, 지금은 황태자 내외가 거주하고 있단다. 관광객마저 없어 쓸쓸함을 더해 주었다. 그런데 갑자기 나타난 별궁 근위병 5명이 특이한 복장으로 대오 지어 보무도 당당히 정문을 향해 나오더니 맨 끝 병사가 거수경례를 붙이는 게 아닌가. 훤칠한 키, 남자다운 미모, 특유의 미소가 뇌리에 각인되어 오래오래 잊혀 질 것 같지가 않다. 그곳을 나와 옆길 산책로에 들어서니 가로수가 일직선으로 쭉 늘어서 있고 정원이 아름답게 잘 다듬어져 있다. 일부는 언덕을 이루고 매우 넓어 규모가 가늠이 안 될 지경이었는데 한참을 더 들어가니 중앙 탑에 주민의 생활상을 담은 조각공원과 호수가 나온다. 왕궁을 둘러싼 주변 경관을 보며 비로소 여왕의 실체 느낌이 와 닿고 왕실의 위엄을 느꼈다. 합동사진을 찍으며 잠시 쉬다 떠나오려니 아쉽다. 긴 산책로를 빠져나오며 안내원으로부터 이 나라의 내면을 들어보는 것도 재미가 있다. 유치원은 공부는 안 가르치고 노는 것만 가르친단다. 빵 학년제도가 있는데, 이는 유치원 들어가기 전 단계로 적응학년이라고 한다. 교육은 영어로 가르치는 데, 초등학교 3~4학년 정도면 대개 귀가 트이며, 대학 진학률은 약 20%, 자신이 스스로 결정을 내린다. 나머지는 전문학교나 기술을 배운다. 모든 교육은 국가가 부담하는데, 누구나 평생 배움의 기회를 얻는다. 세금은 소득의 약 50%, 물가가 우리보다 3배 정도 비싸다. 담배 한 갑에 14,000원이라 하니 실감이 간다. 출산율은 2.9명, 여성 노동인구가 절실하여 출산을 정부가 적극적으로 도와준다. 육아는 대부분 모유, 임신을 자랑스럽게 여기고 당당하게 걷는다. 좋은 엄마가 될 수 있는 환경은 덴마크와 스웨덴이 공동 1위란다.

16시 15분, 크론보그성에 도착 차에서 내렸다. 코펜하겐에서 약 44㎞ 북쪽 해안의 헬싱괴르에 자리하였는데, 오전 스웨덴에서 바다 건너 덴마크 땅에 내린 바로 그 항구도시로 되돌아왔다.

크론보그성은 1420년 축성된 르네상스 건물인데, 1574년부터 11년간 프레드릭 2세에 의해서 전면적으로 개축되어 왕궁으로 사용되어 오다가 1627년 화재와 지형적 특성으로 요새 적 특성이 많은 성으로 변모하였다. 크론보그성은 햄릿 성으로도 유명한데, 셰익스피어의 4대 비극 중의 하나인 햄릿의 무대가 된 성이기 때문이다. 영국 왕 제임스 6세와 덴마크 앤 공주가 크론보그성에서 결혼을 하였는데, 축하차 왔던 셰익스피어가 이곳에서 전해오는 비극적인 이야기를 듣고 소설 '햄릿'을 이 성을 배경으로 썼다고 한다. 내부에는 대규모의 연회장과 금박으로 장식된 예배당, 왕실 가족들이 거주하던 화려한 방이 그대로 보존되어 있다. 예배당에서 플래시를 터트리니 찍지 말라는 사인을 보내온다. 2000년 유네스코에서 세계 문화유산으로 지정되었다.

16시 55분, 크론보그성 출발, 차창으로 내다보는 노변 주택 건물 양식인데, 지붕에는 채광창시설이 하나같이 되어 있다. 흐린 날씨 많고 일기 고르지 못한 나라, 우리는 채광의 필요성조차 모르고 사니 얼마나 축복받은 나라인가. 도시는 붉은 벽돌 집 많고 디자인의 나라답게 도시미관 아름답다. 자전거가 도심을 메우듯 흘러간다. 쾌적한 도시환경 저절로 이루어지는 것 아니다. 이곳에도 세계 속의 SAMSUNG 간판 반갑다.

18시 10분, 코펜하겐에 당도하여 저녁 식사. 일식집 SAKURA인데 연어구이에 곁들여 김치, 미역, 초무침 오이가 입맛에 잘 맞는다. 저녁 날씨 차다. 19시10분, QUALITY 호텔에 도착 333호실을 배정받아 여장을 풀었다. 8일째 여정을 보내며 우려했던 건강 이만큼 지탱해주니 고맙다. 여행 끝에 접어드니 아쉬운 마음에 싸인다. 슬슬 자녀가족 생각도 나고…,

6월 6일(토) 덴마크 코펜하겐, 맑음.

02시 40분 우연히 눈을 뜨니 날이 밝아온다. 위도가 조금은 낮아 궁금했는데 이 나라 역시 백야 권역의 나라였다. 아침식사는 호텔식으로 08시, 출발에 앞서 가방 챙겨 로비에 나와 보니 팝콘이 비치되어 있다. 아내는 차중에서 옆자리와 나눠 먹을 요량으로 비닐봉지에 일정량 주워담았는데, 후론트 데스크 여직원이 튀어나오더니 6유로(약 10,500원)를 내라 한다. 그간 호텔에 따라서는 과일 등 비치하여 무료로 서비스를 받은 일 있어 그런 줄 알았는데, 반환도 안 된다 하여 내고 나왔다. 간밤 일행은 TV에서 영화를 보았는데 유료 영화였던지 체크아웃 때 시청료를 내라 하여 물었다고도 한다. 호텔마다 관행은 이처럼 달랐다.

09시, 호텔을 나서 차에 올랐다. 먼저 오늘 일정인데, 오전에 시청사 광장, 인어공주 동상, 게피온 분수대와 아마리엔보그 궁전을 둘러보고 오후엔 국회의사당과 스뢰이어트거리 쇼핑, 프레드릭성을 거쳐 저녁식사, 그 후 코펜하겐 케스트럽 국제공항으로 이동하여 네덜란드 암스테르담에 가게 되어 있다.

09시 05분, 시청사 광장도착. 이 광장은 코펜하겐의 대표적인 두 개의 메인 광장 중 하나로 매해 신년 축하를 위해 성대한 잔치를 벌이는 곳으로 유명하다. 붉은 벽돌의 시청사는 중세 덴마크 양식과 북이탈리아의 르네상스 양식이 혼합된 중세풍의 건축 양식으로 1905년에 지어졌다. 시청사 광장은 박물관, 티보리 공원 등으로 둘러싸여 있고 시청사에는 옌스올젠이 설계한 천문시계와 코펜하겐에서 가장 높은 105.6m의 시청사 탑이 있다. 시청사 바로 옆 거리에는 안데르센 동상이 자리하고 있다. 어려운 유년 시절과 가난한 생활 속에서 성장한 안데르센(1805~1875)은 훗날 세계적으로 유명한 동화작가로 태어난다. 인어공주, 성냥팔이 소녀, 벌거벗은 임금님, 미운 오리 새끼 등을 남긴 그는 동화 속의 주인공을 통해 어린이들에게 꿈과 희망을 주고 있다. 순번 기다려가며 동상 배경으로 사진 찍느라 모두 얼마나 바빴던지…,

10시 05분, 시청광장 출발, 시가지를 보니 지방의회 선거 벽보가 걸려 있다. 선거벽보는 영정 크기의 조그마한 사진에 자기소개 몇 자 들어간 게 전부였다. 전봇대 일정 높이에 질서정연히 붙어 있다. 플래카드나 길거리 선거운동은 전혀 없어 한가롭고 평온하다. 우리의 선거 열풍과 너무 대조되어 부러웠다. 도심은 1800년대 말 건물 많고 고층 건물은 거의 볼 수가 없다. 상점 간판은 없고 건물에 글자만 새겨 붙여 놓은 게 인상 깊다. 단 도시는 가로수가 적었는데 신도시와 달리 바로 이게 이 나라 역사와 함께한 유서 깊은 도시가 아닌가 생각이 들었다. 안내원으로부터 소지품을 주의하라는 당부를 받았는데, 동유럽 국가들이 EU국가에 편입함에 따라 조직범죄가 자유로이 이동하여 생

긴 사회현상 이란다.

10시 15분, 인어공주 동상에 도착하였다, 랑겔리니에 부두에 있는 인어공주 동상은 코펜하겐의 상징이자 최고의 사진 포인트, 1913년에 칼스버그 재단의 카를 야곱손이 제안하여 조각가 에드바르트 에릭손이 만든 이래 코펜하겐 하면 빼놓을 수 없는 명물이 되었다. 그 명성에 걸맞게 바닷가는 전 세계에서 온 관광객들로 장사진을 이루었다. 80㎝의 사랑스러운 인어공주 동상은 한동안 머리와 팔이 잘리고 페인트를 뒤집어쓰는 수난을 겪었다는데 지금은 예전의 모습을 되찾았다. 이곳에 온 기념으로 사진을 찍느라 북새통을 이루었는데 여간 날렵하지 않고는 사진 찍기조차 힘이 든다. 그 모습 애처롭기도 하고 사랑스럽기도 하여 눈길을 뗄 수가 없었다. 이 동상을 보고 나니 코펜하겐에

와 있다는 실감이 난다.

10시 35분, 도착한 곳은 5분 거리 게피온 분수대, 북유럽 신화에 나오는 여신이 황소 네 마리를 채찍질하며 몰고 가는 역동적인 모습의 조각상인데, 그 아래로 분수가 흘러내리고 있다. 신화에 의하면 아주 먼 옛날 이곳에 사는 게피온이라는 여신이 하느님께 늘 저에게도 일할 수 있는 땅을 내려 주십시오, 하고 간절히 기도를 하였는데, 어느 날 하느님께서 너희가 열심히 일하는 모습을 보이면 원하는 대로 땅을 주겠다고 약속을 하였다. 그러자 욕심 많은 이 여신은 하느님과의 약속을 지키기 위해 자기 아들 넷을 황소로 만들어 주야로 밭을 갈고 일하는 모습을 보여 주었다. 이에 감동한 하느님이 스웨덴 쪽의 땅을 바다에 뿌리자 육지가 되고 섬이 되어 오늘의 덴마크가 되었다는 건국신화의 전설을 형상화하여 만든 것이 게피온 분수대다. 주위에는 공원을 아름답게 조성하여 놓았는데, 그러고 보니 동상의 나라요 동상을 통해 관광객을 유치하는 나라 아닌가, 곳곳에 동상이 널려 있다.

10시 55분, 인근 아마리엔보그 궁전도착, 1667년에 건축한 프랑스 로코코 풍의 궁전인데, 프레드리크 3세의 왕비인 아말리에의 이름을 따서 그대로 명명하였으며 한때 화재로 소실되었으나 1748년쯤에 재건되었다. 1794년 크리스티안보리 궁전의 대화재 전에는 귀족들이 거주하는 저택이었지만 재건 후 현재까지 덴마크 왕실이 옮겨 와 거주하고 있다. 여왕이 궁전에 머무는 동안에는 궁전의 지붕에 덴마크 국기가 걸린다. 몸에 비해 커다란 곰 털모자를 쓴 근위병이 각 방향으로 한 명씩 궁을 지키고 있으며 궁전에 여왕이 체재 중이면 정오에 근위병의 교대식이 볼거리라던 데 보지 못해 아쉬웠다. 대신 복장 특이하고 곰 털모자 쓴 근위병 13명이 근처 행진하는 모습이 이채로워 사진에 담았다. 광장 한가운데에는 로마시대 최고 사령관의 복장을 한 프레드릭 5세 기마 상이 서 있다. 왕실의 권위를 느낀다.

11시 50분, 점심 차 찾은 곳은 에디리비튬 레스토랑, 바로 어제 들렸던 식당인데 관광객이 너무 몰려 복잡함을 경험한 터여서 일찍 서둘러 도착한 탓에 비교적 한산하다. 후식으로 식당에 비치된 커피를 타 마셨다. 여행객이 별도로 사 마시려면 너무 비싸 먹고 마시는 것, 될 수 있으면 호텔식 아니면 이처럼 식당에서 해결한다.

12시 45분, 국회의사당에 도착하였다. 의사당은 1794년 큰 화재가 발생하여 재건축하였는데, 현재 사용하는 건물은 1906년 총리실, 대법원 및 왕실 접견실이 있는 건물로 용도가 다양하게 지어졌다고 한다. 안쪽으로 들어서니 국회도서관의 뜰에 이 나라가 낳은 세계적 실존주의 철학자인 키엘케고르(죽음에 이르는 병)동상이 높은 좌대에 앉아있다. 사색적이며 절망적인 그가 책을 무릎에 놓고 깊은 명상에 빠진 동상 모습이 인상 깊다. 국회의사당 뜰에는 국회의원들이 출퇴근하는 자전거가 줄지어 늘어서 있고 자전거는 거의 장보기 바구니가 달렸다. 국회의원은 181명으로 이중 여성 의원은 40%라고 한다. 국회의 참모습을 보는 것 같아 감명 깊다.

13시 35분, 인근 스뢰이어트 거리 쇼핑, 1시간 40분에 걸쳐 자유시

간이여 끼리끼리 흩어졌는데, 우리 부부는 아내 대녀 P 님 내외와 한 팀이 되어 쇼핑 길에 나섰다. '스트뢰에'는 덴마크어로 '걷는다.'라는 뜻이란다. 보행자 전용 도로인데, 폭 10m, 길이 1.2㎞의 이 거리는 한마디로 생동감이 넘치는 거리였다. 거리에 들어서니 히피 모습을 한 장발 젊은 악사가 기타를 치며 노래 부르고 춤을 추는데 오가는 수많은 관중이 광장을 빙 둘러서 감상들을 하고 있다. 보노라니 절로 신이 난다. 이 거리엔 예술가들이 가득 하다고 한다. 거리 양쪽에는 고급 제품 점과 백화점, 부티크, 즉석음식점이 줄지어 있다. 세계 각국에서 모여든 듯, 즐겁고 활기찬 모습들 매우 평화로웠다. 백화점에 들렀는데 디자인의 나라답게 가구들이 멋이 있고 모양새 아름답다. 옷가게마다 손님들 넘쳐난다. 볼거리 많아 눈요기는 하고 나왔는데 그렇다고 마음 가는 건 없다. 우리나라에도 흥청망청한 물건들이기 때문이었다. 물건값은 오죽 비싼가.

15시 15분, 다음 코스 프레드릭 성을 향해 출발, 얼마 남지 않은 여정을 위해 안내원이 정리하듯 입담을 풀었다. 이 나라에서 축구는 국민 스포츠란다. 유치원에서 남자아이 10명에게 장래희망을 물었더니 전원이 축구선수라 했대서 모두가 웃었다. 순서가 바뀌지만, 저녁 식사하고 코펜하겐 국제공항 갈 때 보니 잔디 구장이 가물가물하여 얼마나 감탄을 했던지…, 차창 너머로 세어보니 축구장이 무려 10개, 그 많은 축구장을 한곳에 시설하여 놓은 나라 이 지구 상에 어디 또 있을까. 비만은 국가 경제에 치명적, 해로운 점을 학교교육을 통해 조기 교육을 하고, 50세 넘으면 연 1회 건강검진을 받는다. 그 탓에 성인병 가장 낮고 평균수명이 높다. 육아는 지극정성을 다 하지만 20세만 되면 독립하고, 그 이후는 부모는 친구입장에서 살아가지만 주고받는 관계는 끝난다. 덴마크 총리는 유치원 교사출신인데 업적이 지대하여 3회 연임 중이고, 부인은 아직도 유치원 교사란다. 학벌 지연 지방색이 없고 오직 이 사람이 이 자리에 필요한 인재인지만을 본단다. 국회의사당은 경찰이 없다. 그러니 제대로 된 의회 민주주의 나라 아닌가.

15시 55분, 약 40분 거리 프레드릭성에 도착하였다. 세 개의 조그마한 섬 위에 세워진 이 성은 1560년 프레데릭 2세에 의해 처음 세워진 이후 그의 아들 크리스티안 4세 때에 완성된 성으로 힐레드외드에 있는 르네상스 양식의 성이다. 처음 건축한 왕의 이름을 따서 프레드릭스보르성이라고 한다. 200년 동안 7명의 왕이 이 성에서 대관식을 올릴 정도로 덴마크를 대표한 유명한 성이었으나 1859년 대화재로 성의 대부분이 소실되었는데, 그 후 재건하여 현재는 역사박물관으로 이용되고 있다. 덴마크의 역사를 알 수 있는 자료와 회화, 보물 등이 전시되어 있다. 나올 때 지하 화장실에 들렀는데 입구에 보니 남녀 구분 표시가 명확하게 되어 있다. 화장실 앞에 각각 남녀별 나체 그림이 실물크기로 걸려 있기 때문이었다. 기발한 아이디어에 볼수록 웃음이 나오고 여행기간에 기억에 남는 몇 안 되는 화장실로 기록이 되고 있다. 박물관을 나와 뒤꼍으로 돌아보니 와! 탄성이 절로 흘러나온다. 정원과 호수와 분수가 어우러져 그림같이 아름다웠다. 그 넓은 호수 사이사이로 정원을 가꾸어 놓은 게 그 모형이 마치 문자 같기도 하고 옥관자 같기도 하다. 그 너머 정원수는 얼마나 잘 가꾸어 놓았던지, 매우

아름다워 모두 자리 뜰 줄을 몰라 한다. 자연과 인공의 어우러짐, 바로 예술이 아니고 무엇이랴.

17시 10분, 성 뒤꼍을 빠져나와 노변 대기 버스에 올랐다. 시내에 접어들자 차창 밖 자전거 행렬이 줄을 잇고 거리모습 쾌적하고 평온하다. 만 세 살이면 세발자전거를 탄다. 자전거 값은 보통 300만 원정도, 안내원은 중고 100만 원에 사들여 타고 다닌다는데, 이 나라에서 자전거는 곧 운송 수단이자 삶의 동반자 역할을 한다.

17시 55분, 동원주루(東園酒樓)에 도착 저녁식사, 중국음식점인데, 이곳 사람들 음식 가리는 사람 싫어한단다. 그래서인지 운전기사 스웨덴 사람이지만 오늘까지 꼬박 7일간 같이 겪어보니 소탈하고 음식 가리지를 않는다. 그래서인지 성격마저 원만하다.

18시 25분, 공항을 향해 출발, 5분쯤 달리니 중심가 뉘하운 운하가 시야에 들어온다. 뉘하운은 새로운 항구라는 뜻으로 한때는 코펜하겐 항구에 돛을 내린 선원들이 들렀던 술집거리로 유명했던 곳, 지금은 레스토랑 거리다. 안데르센은 이 거리에서 가난한 시절을 보냈고 성공한 동화작가로서 말년을 보냈다. 그래서 안데르센 거리라고도 한다. 안데르센이 이곳에 살았을 땐 운하의 북쪽은 악명 높은 홍등가였다고 하는데, 지금은 알록달록한 건축물, 정박해 있는 많은 배, 노변 의자에 앉아 마시고 즐기는 모습들이 정겹다. 애초엔 이곳을 들리도록 계획이 되었지만 빠져 아쉬웠는데 달리는 차 창에서나마 한눈에 내려다보니 좋았다.

18시 50분, 코펜하겐 케스트럽 국제공항 도착, 차에서 내려 가방 챙겨 공항에 들어서며 운전기사 헤르오켈씨와 아쉬운 작별 인사를 나누었다. 1주일간 고령에도 불구 성실하여 정 듬뿍 들었는데 아쉽다. 손을 마주 잡고 흔들며 만수무강과 아울러 앞날의 무궁한 행복을 빌었다. 19시 짐 탁송 및 항공권 접수, 19시 35분 출국 절차와 검색대 통과하여 해당 게이트 앞 대기실에 들기까지 지체 없이 진행되었다. 대기실에서 우연히 천장을 보니 유난히도 밝다. 처음엔 조명시설이려니 대수롭잖게 여겼는데 가만 보니 그게 아니다. 지붕을 원형으로 규칙적으로 뚫어 유리시설을 하였는데, 바깥 자연조명(照明)이 그대로 실내를 내리비친다. 바깥이나 별 다름없는 밝기인데, 에너지 절약을 위해 이보다 더

한 아이디어가 어디 또 있을까. 찬탄의 마음 아니 보낼 수가 없었다.

20시 05분, 네덜란드 항공 KL1134 호기 탑승, 정원이라야 104명, 규모 작은 탓에 가족적인 분위기 든다. 그런데 뒤늦게 탑승한 A 교장(전), 항공권 들고 좌석 대조해 가며 뒷자리 천천히 들어서더니 본인 자리 확인이 되자 하는 말, '씹 팔 에이~~' 한다. '18 A석'을 발음 확실히 하여 그렇게 들려 왔던 것이다. 모두가 박장대소하였는데, 순간의 한마디 얼마나 유머러스한가. 두고두고 웃던 생각이 난다.

20시 30분, 이륙하여 하늘을 날아올랐는데, 노을진 서녘 하늘에 바다와 풍차가 어우러져 멋이 있다. 21시, 기내식으로 맥주와 비스킷이 나왔는데, 뒷자리 네덜란드인이 맥주 들이켜며 잡지를 보다 히딩크 사진을 보더니, 나를 향해 엄지손가락을 치켜들며 히딩크 넘버원! 한다. 나도 이에 동조 엄지손가락 같이 치켜들고 히딩크 넘버 원! 넘버 원! 거듭 하다 더하여 당크! 하고 답례를 하였더니 반가운지 껄껄대며 웃는다. '당크'는 '고맙습니다.' 뜻의 내가 미리 익혀 놓은 몇 안 되는 네덜란드어였다.

21시 35분, 목적지 네덜란드 스히폴 공항 도착, 입국 심사도 없다. 짐 찾아 공항 밖으로 빠져나온 시각은 22시 15분, 바로 대기 버스에 올랐는데, 이 나라는 모든 차량 통행 중에 버스가 최우선이란다. 공항 출구에 보니 이곳에도 광고판 SAMSUNG이 걸려 있다.

22시 40분, RADISSON HOTEL에 도착 533호실을 배정 받아드니 호텔 방 크고 시설 양호하다. 안도감에서일까, 피로에 젖어든다. 지나온 여정을 정리하며 잠을 청해 본다.

6월 7일(일) 네덜란드 암스테르담, 흐린 편.

07시, 모닝 콜, 새벽 아내와 호텔 주변 산책길에 나섰는데 도심에서 좀 벗어나 있어 공기 맑고 한적하다. 잠시 체조하며 몸을 풀었다. 08시, 호텔식 아침식사. 호텔방으로 돌아와 가방을 챙기며 우연히 가격표를 보니 캔 맥주, 코카콜라, 얼음 차, 물 1병이 각각 4.5유로(약 8,000원), 포도주가 9.5유로(약 17,000원)로 되어 있다.

09시 10분, 호텔 출발, 먼저 오늘 일정인데, 오전 풍차마을 둘러보고 점심, 오후엔 담 광장, 왕궁과 홍등가 거쳐 유람선 승선하여 운하체험, 마지막으로 귀금속단지 쇼핑하면 사실상 여행 일정은 끝이 난다. 곧바로 암스테르담 스히폴 공항으로 이동하여 출국하는 걸로 일정이 되어 있다.

먼저 안내원 소개인데, 이름은 홍지수양. 아버지 고향은 강원도 횡성으로 서울에서 살았다. 유학생활 5년째인데 앞으로도 2년은 더 공부를 해야 한단다. 아가씨가 앳되지만 야무지고 똑똑하다.

관광에 앞서 이 나라 개요인데, 인구는 1,620만 명, 면적은 한반도의 약 5분의 1, 수도는 암스테르담으로 인구 78만 명, 주요민족은 화란족, 주요언어는 네덜란드어이지만 영어, 불어, 독일어가 통용된다. 종교는 가톨릭 32%, 네덜란드 개신교 17%, 1인당 국민소득은 38,000$, 기후는 해양성 기후로 여름평균 기온 17℃, 겨울은 2℃, 맑은 날은 90일밖에 안 된다. 전 국토의 25%가 해수면보다 낮다. 구릉지대에 속하는 남동부지역조차도 가장 높은 지점이 321m밖에 안 되고, 지형적 특징으로 점토층이 많으며 돌과 나무가 거의 없다. 국토의 4분의 1을 바다를 메워 육지를 만든 나라답게 국민은 개척정신과 열린 사고를 가졌다. 국가에서 공창제도 운영, 일부 마약류의 합법화, 동성 부부 및 안락사를 인정한 나라이기도 하다.

09시 35분, 잔세스칸스 풍차마을 도착, 암스테르담에서 북쪽으로 약 20㎞ 달려왔다. 차에서 내리니 풍차마을 전경이 한눈에 들어온다. 18세기에는 이 마을에만 700여 개의 풍차가 있었다는데 현재는 강둑에

9개가 남아 있다. 1928년 선생님이자 예술가인 프란스마르스가 이곳에 풍차가 영원히 사라지는 것을 우려해 풍차박물관을 열었다. 운하를 막은 둑에 올라서니 넓은 운하에는 물이 넘치듯 가득하고 시야 툭 터져 시원하다. 17~18세기 목조 가옥과 풍차가 어우러진 게 동화나라 같은 분위기에 싸인다. 관광객 끊일 새 없고 사진에 담기 바쁘다. 나오는 길에 나막신과 치즈 판매장을 들렀는데, 나막신 제작 공정을 보며 저렇게 쉽게 만들어지다니 경탄하였다. 적당한 크기의 미루나무 토막을 기계에 고정한 다음 전원을 넣으니 순식간에 깎여 나막신이 만들어져 나왔다. 바다보다 낮은 땅에서 살다 보니 길거리가 질척거려 자연 나막신 수요가 많았는데, 해방 전 일인들이 일본 전통 의상에 나막신 신고 다니던 생각이 났다. 손주들 선물용 나막신 저금통을 구매하였는데, 나막신이 무엇인지 알기나 할까. 아스팔트 세대들이지 않은가.

풍차마을을 둘러보고 막 돌아서 도랑 폭 좁은 다리를 건너 나오는 길, 왠지 모르게 분위기 왁자하다. 보니 김한길 전 의원 모습 아닌가. 내리 의원직 세 번에 전직 문화관광부 장관, 언제 마주한 일 없었건만 이국 땅 풍차마을에서 대하니 구면인 듯 서로 반가워한다. 사진 찍고, 법석 떨다 여행길 조심하자며 인사 나누며 헤어졌다.

11시 35분, 차에 올라 풍차마을을 떠나오며 차중 안내원에게서 들어보는 구수한 입담인데, 네덜란드 사람들 언제나 보아도 미소 넘치고 친절하다. 그런데 돈과 연결이 되면 금시초문인 듯 냉랭해진단다. 외국 나가 돈 잘 안 쓴다. 독일과 민족 감정이 강하고 매사 참견을 좋아

한다. 네덜란드 사람들 키가 크다(남: 184, 여: 174.7㎝) 사실은 북구인들은 다 크다. 가는 곳마다 세면대가 높아 불편 느낄 정도였으니까. 암스테르담 인구 78만 명에 자전거는 80만 대, 자전거 도로엔 자전거가 최우선이란다. 보행 중엔 특히 자전거 조심하라는 당부를 받았다. 풍차마을은 16세기 방앗간 마을로 출발하였다는데 제재용, 도자기용, 도료, 기름 짜는 풍차가 있다 하여 다양성에 새삼 관심이 간다. 그간은 발전용으로만 알아 왔는데…,

교민은 약 1,300명, 그 중 암스테르담에 400명, 유학생은 100여 명이란다. 네덜란드는 유적은 그리 없지만, 여유와 자유 때문에 찾는다. 국민소득 38,000$ 중 금융관련 소득이 30%, 노트르담 무역항에서 30%, 초지이용 수익이 30%란다. 양말은 꿰매신고, 우산은 찢어지거나 대가 꺾일 때까지 쓴다. 우리나라 포니도 있다는데, 이처럼 아주 작거나 오래된 차 다 볼 수 있다. 15~20평 정도 아파트에서 생활하고 아끼고 절약하며 산다. 교통비와 물가 우리보다 3~4배 비싸다. 이 나라 운하는 165개, 수상가옥은 2,500개, 돈 있는 사람이 산다. 시내엔 삐딱한 건축물이 많았는데, 16~17세기에 지었고 지반이 약해서란다. 도로는 좁고 자전거 도로가 40%를 점유한 나라, 거쳐 온 나라들도 매 같았지만, 특히 이 나라는 자전거 천국 같다. 도심에서 보니 자전거의 행렬 물 흐르듯이 흘러간다. 자전거 투어도 많다는데, 그러고 보니 하루쯤 자전거 타고 시내 곳곳 누벼보고 싶다. 그리 어려운 일 아니지 않은가.

12시, 점심 차 들린 곳은 복록(福祿), 중국 음식점인데, 저녁은 기내식이므로 이번 여행을 통해 마지막 식사자리가 되는 셈이었다. 그간 음식으로 큰 불편은 없었던 것 같다.

12시 55분, 출발하여 찾은 곳은 담 광장과 왕궁, 담 광장은 암스테르담의 중심 광장으로 원래는 13세기에 암스텔 강의 둑이 파손 되었을 때 도시가 잠기는 것을 방지하기 위하여 만들었다. 광장에서는 각종 공식행사와 잔치, 음악회, 노천시장이 열린다는데, 마침 일요일이어서인지 여행객과 비둘기 떼마저 어우러져 북적였다. 광장 중앙에는 제2차 세계대전에 참가했던 네덜란드 전사자들을 기리는 위령탑이 서 있다.

왕궁은 17세기에 시청사로 지어 150년간 시청으로 사용하던 것을 1808년, 네덜란드를 점령한 프랑스 나폴레옹 황제의 동생인 루이 나폴레옹이 새 왕으로 부임해 오면서 왕궁으로 바뀌었다. 그러다 1813년 이후 네덜란드의 왕궁으로 돌아왔고, 현재는 왕실의 영빈관으로 이용되고 있단다. 왕궁의 건축 스타일은 네덜란드 고전주의 양식으로 건물 전체는 석조를 이용해지었는데, 외관은 중후하고 아름다웠다. 내부를 둘러보지 못한 것이 아쉽다.

바로 다음 코스 인근 홍등가에 들렀는데, 먼저 이야기지만 홍등가에 갔다고 이상할 건 없다. 누구나 둘러보는 명소요 문화체험이니까. 홍등가는 건물 바깥 면에 큰 유리창을 내고 붉은 등을 켜서 밖에서 매춘여성들을 들여다볼 수 있는 구조로 되어 있다. 'Sex musem', 'Sex shop', 'Star shop' 등, 간판부터가 관심을 끌었다. 운하 따라 홍등 가도를 한참 걷다 골목길에 접어들었는데, 길 폭이 채 1.5m쯤이나 될까,

음침한 골목 분위기가 흥미를 더해준다. 홍등가의 역사는 네덜란드가 국제무역의 중심지 역할을 했던 17세기에 조성되어 주로 선원들을 대상으로 영업해 왔다고 한다. 이후 관광객의 발길을 잡기 위한 명소로 자리 잡게 되었는데, 정부는 지난 2000년 징세와 단속을 쉽게 하겠다는 목적으로 아예 매춘을 합법화하였다. 양지로 끌어내면 오히려 효과적으로 통제할 수 있다는 논리였으리라. 직업에 귀천이 없다고는 하지만 한 세상 태어나 무에 할 일이 없어 몸을 팔게 되었는지 씁쓸하고 측은한 생각이 든다.

홍등가를 나와 다음 코스를 향해 가는데 번화가 5층 높이의 건물들이 기울어져 있다. 같은 높이의 건물 간에도 일부는 기울기가 어림잡아 50㎝ 정도는 될 것 같다. 상당히 많은 건물이 그랬다. 400년 된 건물인데다 지반이 약해서 그렇단다. 그런데도 사람이 들어 사는 게 신기하여 물으니 안전진단 결과 이상은 없단다. 이런 나라도 다 있구나. 거리는 몹시도 붐볐고 자전거 행렬이 끊이질 않는다. 그런데도 경찰이 없다. 암스테르담 번화가 저 많은 인파의 60%는 관광객이고 주요 관광객은 중국, 인도, 한국, 일본 순이라고 한다.

13시 45분, 도보로 당도한 곳은 시내 중심가 운하여행 매표소. 중앙역 부근이었는데, 운하가 거미줄처럼 얽혀 있는 도시 암스테르담, 유람선이 10여 척 유유히 떠 있다. 잠시 후 유람선에 올랐는데, 규모는 60석쯤 되고 승객은 40명쯤이나 될 것 같다. 서서히 움직여 나가자 스쳐가는 도시 경관 아름답고 운하를 따라 보트들이 쉴 새 없이 강물 따

라 흘러간다. 하늘 높은 줄 모르고 솟아있는 교회며, 17세기 황금기에 세워진 전통적인 벽돌집들, 요소요소에 세워진 아름다운 다리, 가족의 단란한 보트놀이도 여유롭고 한가하다. 주거용 보트도 많았는데, 꽃이 놓여 있고 간판 있는 집도 있다. 부엌, 서재, 욕실, 침실 다 갖춘 진짜 집이란다. 일반 가옥보다 두 배가 비싸다고 하니 낭만의 극치 아닌가. 카메라를 어디다 돌려도 그림이 되는 도시, 운하에 뿌리내리고 세워진 즐비한 저 많은 건물과 아파트는 물속에 잠겼다고 해야 하나 물 위에 떠 있다고 해야 하나. 이방인의 눈엔 실로 독특한 체험이자 매력이 아닐 수가 없다. 1시간 운항 끝에 내린 곳은 귀금속 쇼핑센터, 여행기간에 처음 맞은 쇼핑 장인데, 설명만 듣고 돌아보다 나왔다.

15시 55분, 여행은 이것으로 사실상 끝이 나고 20분 달려 도착한 곳은 암스테르담 스히폴 국제공항, 제법 굵은 비가 쏟아져 내린다. 여행 중 큰 지장 없이 참아준 게 얼마나 다행인지, 이젠 돌아갈 절차만 남아 있다. 17시, 출국심사와 검색대 통과하여 네덜란드 항공 KL0865 호기에 탑승시각은 18시 10분, 중 대형 여객기로 올 때처럼 우리 승객이 절반은 되는 것 같다. 18시 50분, 우중 이륙, 하늘에서 내려다보니 호반의 도시가 물에 잠긴 듯이 젖어 있다. 궤도에 들어서니 밝은 햇살 솜털 구름 아름다웠다. 기내식은 1차 19시 20분, 2차 24시 30분, 3차 03시 30분에 시차를 두고 제공되었는데, 2차 기내식 땐 라면 맛 별미 느꼈고, 자정 막 넘긴 시각 해가 키만큼이나 떠올라 있다.

04시 50분, 드디어 인천국제공항 착륙, 소요시간 약 9시간으로 내 나라 품에 안기니 좋다. 우리 시각으로는 6월 8일(월) 11시 50분, 그간 건강 지탱해준 것 고맙고 시차의 별미 느낀다. 아울러 여행기간 내내 우리 부부를 위해 특별히 관심 기울여 주시고 의지가 되어주신 K 교장선생님(전) 내외분께 진심으로 고마운 말씀을 드리며, 여행! 자연과 눈 맞춤이요, 동서고금과의 눈 맞춤이다. 큰 보람을 느낀다. 이 아니 즐겁지 아니한가.

(2009. 11. 자유문예 제27호)

필리핀 여행기

지난 6월, 4박 5일간 필리핀 관광여행을 하고 돌아왔다. 패키지여행이었는데 전주에 있는 여행사를 통하여 부부동반 10명, 여행지는 〈마닐라와 팍상한 계곡, 따가이따이, 빌라에스쿠데로〉로 계획이 되어있었다. 먼저 일행 소개인데, 모임 명은 '우정회', 30년 전 전주시 인후동에 주공 아파트단지가 조성되었다. 아파트가 귀한 시절이었고, 단칸 셋방살이 전전하다 어렵게들 마련한 내 집이어서인지 기대감이 컸고 이웃 간 유대 돈독했다. 그때 동갑내기 부인들끼리 맺어진 인연이었는데, 엊그제일 같건만 감회가 새로워진다. 여행경비는 전액 비축 기금으로 부담하였다.

6월 9일(월) 흐림.

인천 국제공항 행 리무진 출발예정 시각은 새벽 2시 30분, 잠을 청했지만 오질 않는다. 깊이 빠져들면 어쩌나 하는 불안감 때문이었다. 자는 둥 마는 둥 선잠에서 깨어나 집을 나선 시각은 새벽 1시, 심야택시를 타고 전주 코아 터미널에 도착하여보니 일행 모두 나와 있다. 다른 여행객들도 많았는데 첫 차편인데도 만원을 이루었고 벽두 새벽이건만 여행 분위기에 들 젖어 있다. 정시에 출발 김포공항을 거쳐 인천국제공항 당도 시각은 05시 55분, 수속은 여행사 직원이 공항까지 동행하여 밟아 주었기에 손쉽게 끝이 났다. 비행기 출발 예정시각은 08시 25분, 필리핀 항공 PR467호 기편 인데 정원은 280석으로 탑승은 08시 10분 마쳤건만 이륙시각은 09시, 30여 분이나 지연되었는데 안개 때문이었던 것 같다. 이륙하고서도 짙은 안개로 지형지물은 전혀 볼 수가 없었다. 동중국해 지점에 이르러서야 구름 한 점 없는 푸른 하늘, 망망한 바다가 펼쳐졌다. 필리핀 해역에 접어드니 창밖으로 섬이 조화를 이루어 경관 아름다웠다. 하늘에서 내려다보는 솜털 구름은 또 얼마나 아름답던지 그 광경을 10여 장도 넘게 카메라에 담았다. 마닐라 '센테니얼' 공항에 착륙 시각은 12시 40분. 3시간 40여 분 걸려 왔다. 검색대를 통과하여 짐을 찾아나오니 필리핀 안내원이 여행사 피켓을 들고 공항 구내에서 맞이해 준다. 몸집이 크고 서글서글한 젊은이인데 반가웠다. 안내를 받아 공항 밖 중형버스에 오른 시각은 13시 20분, 시차는 1시간으로 현지시각으로는 12시 20분, 시침을 맞췄다. 차에 오르니 한국인 안내원이 마이크를 잡는다. 이름은 이원희 씨, 나이는 30세, 아직 미혼이고 고향은 경북 예천이지만 의정부에서 살았단다. 약간 마른 체형에 갸름한 얼굴 여행가이드 4년차라고 하였다. 결국, 안내원이 둘인 셈인데 규정상 안내원은 현지인이 하게 되어 있어 그렇게 되었단다. 현지인 안내원 이름은 '에디'였다. 20대 후반쯤이나 될 것 같다. 약 10분쯤 달려 '코앞비원식당'에 도착 한식으로 점심을 먹었다. 곧바로 Bayview Park 호텔 도착시각은 13시 10분, 533호실을 배정받아 여장을 풀었다. 호텔방에서 TV를 켜니 우리나라 YTN뉴스가 실시간으로 나온다. 화물연대 파업이며 대규모 촛불시위 계획, 민노총 총파업 찬반투표, 물류대란, 국회동정 등 자막과 함께 국내 상황 어지러웠다. 교민이 10만 명이라던데 이들이 보고 느끼는 고국 상황이 어떨지가 궁금하다.

휴식 후 호텔 출발시각은 17시 10분, 마닐라시내 관광길에 나섰다. 먼저 안내원이 들려주는 이 나라 개요인데,

–국명은 필리핀 공화국.

–면적은 한반도의 약 1.3배, 섬 7,107개로 구성되어 있어 인도네시아에 이어 세계 제2위의 섬나라

–인구는 공식적인 통계는 8,800만 명이지만 실제는 약 1억 명이라고 한다.

–기후는 1년 내내 기온과 습도가 높은 아열대성 기후대

–수도는 마닐라, 인구는 약 1,000만 명.

–언어는 미국, 영국에 이은 세계 제3위의 영어 사용국이며

–종교는 천주교인이 92%, 아시아 유일의 가톨릭 국가란다.

–1인당 국민소득은 1,700$, 빈부격차가 심하다고 하였다.

마젤란이 1521년 현재의 세부시티에 상륙하면서 유럽에 처음으로 알려졌으며, 당시 스페인 국왕이던 필립 2세의 이름을 따서 필리피나스(Filipinas)라 명명, 오늘날 필리핀 국명이 생겨나게 되었다. 스페인(1571~1898) 미국(1898~1941) 일본(1941~1945)의 식민지로 오랜 기간 통치

를 받은 후 1946년 7월 4일 독립하였다. 300년 이상 스페인 통치는 이 나라에 기독교를 개화시키고 음식문화며 언어 생활양식에 이르기까지 큰 영향을 미쳤다고 한다.

먼저 찾은 곳은 호텔에서 차편으로 불과 3분 거리의 '리잘 공원'. 시 중심에 있는 대표적인 공원으로 매우 크고 넓었다. 잘 가꾸어진 정원수와 중앙 분수, 야외 콘서트 홀 등 아름답게 꾸며져 있고 마닐라 시민들의 휴식 공간으로 되어 있다. 일요일 저녁이면 무료 콘서트를 보러 오는 사람들로 가득 찬다고 한다. 스페인 식민정책에 항거하던 구국 영웅 호세 리잘이 처형되고 그 자리에 기념탑을 세웠는데, 지하에는 그 유체가 매장되어 있단다. 기념탑 주변을 무장한 헌병이 지키고 있었다. 이색적이었던 건 공원 앞 대로를 자동차의 물결을 헤집고 마차가 유유히 달렸다. 이곳에선 칼레사(Calesa)라고 하는데 주로 관광용으로 이용한단다. 요금은 흥정제인데 의외로 비싸고 관광객에게는 더 많이 요구하여 이용하기 전에 미리 흥정을 확실히 해야 한다고 하였다.

다음 찾은 곳은 '인트라무로스', 파시그 강과 리잘 공원 사이에 1571년 세워진 성벽도시로 스페인 정복자들의 거주지였다는데 성벽 길이는 약 4.5㎞, 면적은 약 65㏊, 외부의 공격으로부터 자신을 보호하기 위한 곳이었다. 입구에는 박물관이, 안에는 바로크풍의 석조건물로 필리핀에서 최고의 산 아구스틴 성당과 산티아고 요새 등이 있다. 산티아고는 스페인 군대의 요새였고 호세 리잘이 사형 선고받고 수감 되었던 곳이기도 하다. 파시그 강 하구를 내려다보는 전략적 요충지이며 스페인과 일본군 점령 기간에는 수많은 필리핀인이 이곳 감옥에 갇혔고 목숨을 잃었다. 특히 일본군이 점령하고 있는 동안에는 수면 아래의 지하 감옥에 갇혀 있다가 밀물 때 파시그 강으로 유입되는 바닷물을 이용하여 수장시켰다고 한다. 2차 대전 당시 파괴되었던 것을 1950년대에 복구하여 공원으로 조성하였는데 성벽 아래 골프장 시설 등 호수 경관은 매우 아름다웠다. 리잘 공원과 함께 마닐라 관광의 중심을 이룬다.

18시 15분, 송죽식당에 도착 저녁 식사를 하였다. 메뉴는 샤부샤부인데 새우와 조개류를 곁들여 식탁이 풍성하다. 밥은 볶은 밥이 나왔는데 모자라 더 달라 하니 종업원이 눈대중도 없이 퍼왔다. 쌀이 주식인 나라, 요즘 이 나라는 쌀이 모자라 난리라며 여행사에서 '햇반'을 다 준비해 가라 하였는데 이래 낭비해도 되나 의문이 든다. 떠난 자리마다 먹다 남긴 볶은 밥이 넘쳐났기 때문이었다. 식당은 관광객으로 만원을 이루었는데 주로 우리나라 관광객이었다. 이 나라의 관광객은 한국을 비롯하여 미국, 중국, 대만, 일본 순이라고 한다. 음식점은 한국, 중국, 필리핀사람이 합동으로 운영하고 있다는데 기발한 발상이란 생각이 들었다. 관광객 유치에 유리한 여건조성이 될 것 같기 때문이었다.

식후 야경 길에 나섰는데 식당에서 모퉁이를 돌아가니 바로 마닐라만이 나왔고 해변엔 건물이 쭉 늘어서 있다. 건물기둥마다 장식용 전선을 감았는데 기둥불빛이 찬란하다. 모두 야경을 카메라에 담느라 바빴다. 돌아오는 길은 과일상회에 들렀는데 마치 열대 과일 전시장 같다. 주인이 맛을 보라 하여 먹어보니 씨가 유난히도 많다. '아티코'라는 과일이었다. 특이한 건 '두리안'인데 코코넛만큼이나 크고 과일 표면은 온통 가시로 덮여 있다. 맛이 좋긴 한데 구린내가 풍겨 실내공간에서 먹기는 부적하다고 한다. 관심이 가는 건 '망고'였다. 즙이 많고 달고 향기로웠다. 1kg이면 3~4개 오르는데 값은 우리 돈으로 1,600원, 맛으로는 단연 으뜸이지 않은가 싶었다. 파인애플은 3개에 2$(약 2,000원), 아보카도 과일은 마치 애호박처럼 생겼다. 포멜로(자몽), 빠꾸안(수박), 바나나, 그 외에도 사과와 감귤이 진열되어 있는데 중국산이었고 포도는 칠레산이란다. 열대 과일이 넘쳐나는 나라. 그런데도 외국산 과일이라니, 국가 경제가 어려운 나라이지 않은가. 호텔에 도착 시각은 19시 50분. 502호실(이강희님 부부 방)에 모여 망고 잔치를 벌였는데, 밤잠 못 자고 달려온 수만 리 여행길이건만 피로도 잊은 채 밝은 모습으로 모두가 망고향기에 젖었다. 마닐라 Bayview Park 호텔에서 첫 밤은 대화 속에 그렇게 무르익어갔다.

6월 10일(화) 흐림.

호텔출발시각은 09시 05분, 가는 곳은 '팍상한 계곡', 급류타기와 폭포 체험차 떠났다. 마닐라 동남쪽으로 약 105㎞ 지점 '팍상한'이 위치한 라구나까지는 2시간 30분쯤 걸린단다. 떠나면서 안내원 휴대전화를 빌려 큰딸에게 전화하였다. 간밤 자녀가족들과 전화를 하려 하니 국제통화료가 매우 비싸단다. 그것도 호텔에 미리 50$을 맡겨놓아야 가능하다고 하였다. 이런 전화체계가 다 있구나. 부득이 미뤘다가 큰딸에게만 간단히 소식을 전했다. 도심을 지나려니 야자나무 가로수며 잘 가꾸어진 열대 화초가 어우러져 도시경관 아름다웠다. 아파트가 적은 탓인지 고층건물은 그리 많지가 않았다. 여행의 진수는 보고 듣고 느낌이 되리라. 차창 밖 풍광을 보며 궁금증에 안내원과 장시간 문답식 대화를 나누며 갔다. 그 요지인데, 공무원 봉급 수준은 우리 돈으로 15~20만 원 정도, 그중 경찰 20년 근속이면 20만 원이 약간 넘고 대학교수면 20~30만 원 정도라고 하였다. 그 정도면 마닐라에서 생활할 수 있단다. 특이한 건 변호사 선호도인데 대부분 중류층 출신이고 상류층 사람들은 않는다. 공권력이 미약하고 범죄검거율이 낮다. 그래서 자기회사는 자기가 지킨다. 총기소지도 가능하다는데, 그래서인지 규모 큰 업소를 보니 제복차림에 권총까지 휴대하여 지키고 있었다. 교통사고를 당하면 처리하는데 온종일 걸린단다. 카지노가 합법적인 나

라. 도박에는 관대하며 50%는 세금으로 물린다. 우리나라에서 2006년 게임산업 진흥이라는 명목 아래 부추겼던 사행성 오락인 '바다이야기'가 철퇴를 맞게 되자 대거 필리핀으로 들어왔다고 한다. 그 때문에 한국건달들이 많다고 하였다. 생활물가는 우리나라와 5배 정도 차이, 화교가 이 나라 경제를 주름잡고 있다. 한국노래가 인기인데 우리나라에서 일단 방영이 되면 '타갈로그 어(필리핀 공식 언어)'로 바로 나온단다. 가수 '비'가 최고 인기라고 하였다. 미인의 3대 기준인데 피부가 희고, 쌍까풀이 없어야 하며, 생머리에 가까워야 한단다. 그래서인지 파마머리는 볼 수가 없었다. 도심 달리는 차를 보니 대부분이 일본차였다. 수입차의 15~20%는 현대차라던데, 별로 눈에 뜨이지가 않는다. 그런데 현대차 수입에 얽힌 일화가 재미가 있다.

이혜정 씨, 1967년생으로 1986년도 제30회 미스코리아출신인데, 1988년 대만에서 열린 미스 원더랜드에 참가했을 때였다. 마침 아시아 최대 화교 재벌인 필리핀 탄유그룹의 정위황(엘톤 시탄)사장이 심사위원으로 있을 때였는데 한눈에 반하여 사랑을 고백했다고 한다. 당시 고 정주영 명예회장이 탄유그룹에서 이혜정 씨를 탐내는 것을 보고 다리 역할을 하였다. 결국, 뜻이 이루어져 2년간의 교제 끝에 결혼하였다. 그 과정에서 어려웠던 건 이혜정 씨의 아버지가 경북 안동에서 교장을 하였단다. 어떻게 보수적이고 완고한지 정 회장이 두 번째 찾아갈 때만 해도 막무가내였다. 세 번째 방문 때는 애국심에 호소하였다고 한다. 마침 필리핀에 현대자동차 수출 계획을 갖고 탄유그룹과 긴밀하게 접촉하던 때여서 마지막 수단으로 설득하였는데 다행히 승낙을 받았다. 이혜정 씨는 결혼 후 언어도 쉽게 익히고 현지 적응이 빨라 금실 좋고 단란한 가정을 이루며 잘 산다고 한다. 듣고 보니 흐뭇하다.

교민은 마닐라에 약 5,500명, 생업은 주로 무역과 유통업, 식당, 마사지, 식료품이나 토산품 점을 운영하는데, 문제는 현지화가 되어 있지 않다. 한국 사람한테서 만 돈을 벌려고 한단다. 다산국가여서 자녀 5~6명은 보통이고 출산 시 산부인과 이용은 전액 무료다. 대신 태반(胎盤)은 국가 관리여서 전량 미국으로 수출하여 의약품 재료로 쓰인다. 산유국이지만 정유시설이 없는 나라. 휘발유 값은 1리터당 900~1200원(약 60페소)이었고 노후 차량이 많아 매연이 많았다. 마닐라에는 시내버스가 없다. 대신 '지프니'가 많은데 필리핀을 대표하는 독특한 교통수단이었다. 1946년 미군철수 당시 맥아더 장군이 본국으로 운송하자니 번거로워 놔두고 간 지프를 15명 정도 탈 수 있는 합승버스로 개조한 것이었다. 당시 2만여 대였다는데 지금은 전국적으로 20여만 대로 늘었다. 매연이 심하여 어떤 건 마치 굴뚝에서 검은 연기를 내뿜는 것도 같다. 그도 그럴 게 엔진을 주로 한국과 일본에서 폐 처분된 것들을 들여와 조립해서 그렇단다. 지프니는 쾅쾅 울릴 정도로 음악을 크게 틀고 내달렸다. 차체 모양과 크기가 가지가지였는데 대부분 수작업으로 이루어져 그렇단다. 차체 치장이 제각각이고 화려하여 혼란을 느꼈다. 24시간 운행을 한다. 여행자가 지프니를 익숙하게 타려면 어느 정도 시간이 걸리는데 익숙해지고 나면 이처럼 편리한 교통수단은 없다고 하였다. 승차비는 우리 돈으로 150원 정도. 어디서든지 타고 내릴 수 있는 참으로 융통성 있는 교통수단이었다. 지프니는 개인소유이고 운전사는 1등 신랑감이라고 하여 웃었다. 신호등은 큰 교차로 말고는 없었다. 혼잡한 대로를 행인이 삼삼오오 짝을 지어 사이사이로 건너는 걸 보니 아슬아슬하다. 그런데도 잘도 건너다녔다. 도심을 벗어나자 교통수단으로 트라이시클(Tricycle)이 많았다. 오토바이에 사이드카를 단 삼륜차인데 필리핀식 택시였다. 3~4명 좌석밖에 없지만 이곳 사람들은 6명 이상 탈 때도 있다. 마닐라 중심부에서는 잘 띄지 않고 변두리의 지프니가 들어가지 않는 곳에서 주로 활약한다. 오가는 길 노변 풍경이었는데 더운 나라여서인지 복장은 간소하고 신발은 90% 이상이 샌들이었다. 그런데도 아가씨들 복장은 청바지차림이 많았다. 이점 의외였는데 성은 개방되어 있다면서도 가톨릭 국가여서 조심성이 있어 그렇단다. 묘한 여운이 남는다. 건물 지붕은 대부분이 함석인데 슬레이트 지붕은 전혀 볼 수가 없었다. 주민들 모습을 보니 외모가 다양하다. 화교들도 많았다. 그런데도 소수민족 간 다툼은 없단다. 중간도시 로스바니오스를 거쳐 목적지 라구나에 도착시각은 11시 45분, 소요시간 2시간 40분으로 우리나라 고속도로 상황이면 1시간이면 충분할 거리를 꽤 걸려온 것 같다.

한국인 경영식당 '가마솥'에 들어 점심을 하였다. 가방과 옷가지 등은 식당 구내에 설치된 물품 보관소에 맡기고 '팍상한 계곡' 급류타기 체험 차 식당 아래 강가 나루턱에 내려서니 12시 15분. 안전을 위해 모두 오랜지 색 구명조끼와 안전모를 착용하였는데 모습이 흡사 무슨 전사들 같다. '방카' 중앙에는 두 사람이 타고 맨 앞과 뒤끝에는 방카 맨 이 타게 되어 있다. 방카는 일종의 통나무배인데 실제는 플라스틱을 재료

로 만들어졌다. 폭은 80여㎝, 길이는 5~6m쯤이나 될 것 같다. 배 폭이 좁아 뒤집히지 않을까? 매우 조심스러웠다. 우리 부부가 탄 '방카맨'은 부자지간 이었는데 나이를 물으니 아들은 18세, 아버지는 50세였다. 아들은 훤칠한 키, 갈색 피부의 미남이었고 아버지는 둥글둥글한 인상에 맘씨 좋은 시골 아저씨 같았다. 방카 맨은 모두 이 지역 출신 농민들로 구성되었단다. 드디어 방카 출발, 처음에는 엔진이 달린 보트가 줄을 연결 방카 5대를 일렬로 이끌어주었는데 도중에 오르막에 이르러서는 엔진 보트는 임무가 끝나고 방카 맨 이 노를 저어서 간다. 강가에는 야자나무 숲이 울창하고 얼기설기 야자 잎으로 덮어씌운 강촌 모습이며, 빨래하는 아낙네며, 그물망 던져 고기 잡는 모습이 한가로웠다. 상류로 갈수록 강폭이 좁아지고 급물살이 시작되었는데 드디어 급류타기 참모습이 나타났다. 방카 맨 이 앞뒤로 둘이 탄 이유를 그제야 알았다. 바위틈새를 흐르는 급류여서 앞에서 끌어주고 뒤에서 민다고만 되는 일이 아니었던 것이다. 경사각도가 가파르고 배 폭만 큼이나 좁은 바위틈새 급류를 타고 오르려면 방카 맨은 배를 수십 번을 오르내리며 두 팔로는 방향을 조정하고 발로는 뒷발 치기로 바위를 재빠르게 차 내야만 올라챌 수 있었다. 그도 앞뒤 방카 맨 끼리 호흡이 맞아야만 가능하다. 무려 18~9고비, 방카 맨은 팥죽 같은 땀을 흘렸고 우리말로 '힘들다.'를 연발했다. 세상에 이런 중노동도 다 있구나. 협곡은 아름다웠고 열대수림 울창하건만 안쓰러움이 눈앞을 가렸다. 드디어 폭포지점 도착 그때 시각 13시 30분. 소요시간 1시간 15분으로 폭포는 꽤 깊은 계곡의 상류지점에 있었다. 폭포의 높이는 20m쯤이나 될 것 같다. 간소복으로 갈아입고 대나무 뗏목을 타고 접근을 하는데 폭포수를 맞으며 더위를 식힌다. 우리 내외는 준비한 옷이 없어 뗏목 타기는 포기한 채 눈으로만 즐겼다. 보는 것만으로도 더없이 시원하다.

돌아올 때는 내리막 물길이어서 쉬웠다. 그제 서야 계곡을 타고 오르내리는 여행객들과 손을 흔들기도 하고 눈빛을 나누며 여유를 부렸다. 원위치에 도착시각은 14시 20분, 오는 뱃길은 40여 분쯤 걸렸다. 팁으로 2$을 주었는데 마음에 걸린다. 5$쯤 주어도 아깝잖을 것 같았기 때문이었다. 그런데 출발 전 안내원으로부터 다음 여행객을 위해 그 이상은 절대로 주지 말라는 당부를 받았다. 버릇 들면 안 된다고 하였다. 어느 서양 여행객 노부부가 100$을 쥐여준 일이 있는데, 너무 많이 주었다고 질타를 하니 그 부부 하는 말이 나이 들어 이런 경험 언제 해 보겠느냐며 죽기 전에 쓰고 죽겠다 하여 두고두고 화제가 되었단다.

짐을 챙겨 버스에 몸을 싣고 떠나온 시각은 14시 55분, 조금 달려오다 과일가게에 들러 과일을 시식하고, 조금 더 달려 부코(코코넛)파이 원조집에 들러 '코코넛파이'를 사서 맛보기로 먹었는데 어쩐지 속이 더부룩하다. 드디어 살살 통증까지 일었는데 원인은 팍상한 계곡을 다녀와 갈증으로 얼음 든 냉수를 두 컵을 내리 들이킨데다가 과일시식에, 초코파이 맛보기까지 겹쳐 무리가 되었다. 고속도로 휴게소에 도착시각은 16시 35분, 화장실에 달려가 아픈 배를 달랬다. 여행 중 조심해야 할 건 음식이건만 이것 하나 조절이 잘 안 된다. 잠시 후 달려오며 마닐라 근교 풍경인데 빌리지가 보였다. 단독 2층 구조인데 부자들이 사는 마을이라고 한다. 시내에 들어서니 경전철이 달렸고 승객은 만원을 이루었다. 그나마 마닐라에만 있고 30여 분 달리면 끝이란다. 지하철이 없는 나라. 대신 시민의 발 지프니가 줄을 이어서 내 달렸다. 그런데 극심한 매연과 알록달록한 치장으로 그렇게 어지러울 수가 없었다. 바로 매연 공해이자 시야 공해인 셈인데, 지프니 외관을 저토록 현란하게 치장한 원인은 무엇이고 저토록 방치를 해도 되는지 궁금하다. 도시미관에도 관계되는 일이지 않은가.

저녁식사 차 시내중심가 '명성해선화과주가(明星海鮮火鍋酒家)'에 당도 시각은 17시 30분, 중국음식점인데 규모가 꽤 크고 넓다. 정문에는 경비원이 권총을 휴대한 채 지키고 있었다. 조금 후 7~8가지 요리가 나왔는데 나는 그 맛깔스러운 음식을 전혀 입에 대지를 못했다. 화장실 드나들기 바빴다. 그런데 화장실 변기구조가 특이하다. 받침대가 없었는데 변기에 앉으려니 마치 엉덩이가 변기 속으로 미끄러져 내릴 것만

같다. 뒤에 알았지만, 이곳 대부분의 화장실 구조가 그랬다. 궁금해 물으니 남이 앉아 용변을 본 받침대에 자기 엉덩이를 댄다는 게 꺼림칙해서 그렇단다. 이 나라 사람들이 청결해서 그렇다는데 믿어도 될지, 호텔 변기구조는 우리 화장실과 똑같았기 때문이었다.

식사 후 출발시각은 18시 40분, 호텔을 향해 가느라 로하스 대로를 지나는 중인데 마닐라 만(灣)의 해안도로 야자나무 가로수와 석양에 타오르는 노을빛이 아름답다. 너무 아름다워 모두가 합창하듯 탄성을 다 질렀다. 바다 면에 반사되어 마치 하늘과 바다가 하나 되어 활활 타오르는 것만 같았다. 차에서 내려 시시각각 변화해 가는 과정을 놓칠세라 카메라 셔터를 얼마나 눌러댔던지 모른다. 신이 빚은 작품이지 않은가. 호텔에 든 시각은 19시, 잠시 샤워 후 517호실(이세일님 부부 방)에 모여 이후 행사 협의 겸 소주 파티가 열렸다. 그런데 갈수록 한기(寒

氣)가 찾아들고 뱃속이 들끓어 오는 게 아닌가. 나는 먼저 내방으로 돌아와 옷을 껴입고 침대에 누워 시드를 뒤집어썼다. 이후 화장실 드나들기만도 서너 번, 그때마다 줄줄이 쏟아냈는데 어지간히 비워 냈던 것도 같다. 밤이 깊으니 뱃속이 다 허전하고 출출하다. 고행 중의 고행이로다. 이역만리 여행길에 이 무슨 청승인가.

6월 11일(수) 맑음.

잠자리에서 일어나니 뱃속이 조금은 편안하다. 아침은 불안감에 쌀죽으로 요기(療飢) 정도로만 때웠다. 호텔 출발시각은 09시 05분, 가는 곳은 '따가이따이'인데, 마닐라 서남쪽으로 약 64㎞ 지점 카비테(CAVITE)주에 있는 피서지로 해발 700m이어서 시원하며 활화산이 있단다. 가는 동안 차창 밖 이국 풍경에 젖어가며 안내원의 이야기를 들었는데 구수하다. 먼저 음식문화인데, 이 나라는 닭 머리를 꼬치 바비큐로 해서 먹는다. 대중화된 음식인데 닭 머리 꼬치 5개에 우리 돈으로 1,500~2,000원 정도란다. 다음은 도마뱀인데 '이구아나'라고 한다. 곰탕 끓이듯 밤새도록 끓여서 먹는다. 기이한 건 '곤 달걀'이었는데 막 부화하기 직전의 달걀을 삶은 것으로 정력에 대단한 효과가 있다고 한다. 나도 현직 시절 퇴근길에 선술집에 들러 먹어 본 일은 있다. 술안주로 '곤 달걀'을 내 놓았는데 껍질을 벗기니 깃털이 나왔다. 마치 갓 깨어난 병아리를 삶아 놓은 형상이었는데 징그러워 질겁하였다. 도저히 목으로 넘어가지를 않았던 것이었다. 이런 술안주도 다 있구나 하고 의문을 가졌었는데 듣고 보니 필리핀의 영양식이었던가 보다. 도가니탕도 빼놓을 수 없는 보양식이라고 하였다. 이곳은 집집이 바나나 나무가 많고 고무나무도 심는다. 바나나 나무는 뱀을, 고무나무는 수액 냄새로 벌레가 예방된다고 하였다. 마닐라에서 이발요금은 1,000원, 맥주가게는 젊은이들이 한 병 놓고도 장시간을 보내며 담배 피우고 노래 듣고 하여 장사가 안 된단다. 담배 천국이자 음주단속이 없는 나라. 음주측정기가 없어서라고 하였다. 거의 종점에 다 달을 무렵 야산에 파인애플 농장이 나타났다. 망망하여 시야 끝이 가늠이 잘 안 된다. 마치 열대 과일농장의 진수를 보는 것 같았다. 우리나라에서 흔히 1톤 트럭에 싣고 다니는 파인애플 행상 모습들을 떠올리며 이곳 농장 생산품이 아닌가 생각하니 돌연히 나도 모를 감회에 젖는다.

따가이따이 시내에 진입 노변 주차장에 도착하여보니 10시 45분, 1시간 40분 걸려 왔다. 고원지대가 되어 조금은 시원하다. 멀리 따알 호수 전경이 그림처럼 들어왔다. 하차하여 다시 지프니로 갈아탄 시각은 10시 50분, 꾸불꾸불한 좁은 포장도로를 15분쯤 달려 호수 쪽을 향해 내려가니 마을이 나왔다. 호수를 끼고 무성하게 자란 야자수 그늘 아래 휴게소 겸 간이 상가가 줄지어 늘어서 있다. 기둥 위에 초가지붕만 덜렁하니 얹어 지은 것들이지만 어우러져 멋이 있다. '따알 호수'는 바다처럼 넓었다. 둘레가 44㎞, 수심은 약 30m라고 한다. 1572년 화산이 폭발하여 생성된 호수인데 그 후로도 수십 차례 폭발이 진행되었으며 최근 1936년에도 폭발하여 2천여 명의 사상자를 냈다고 한다. 기이한 건 호수에서 화산이 폭발하여 호수 속의 섬(해발 295m)이 생겨났는데 바로 이 섬이 '따알 활화산'이다. 그 섬이 또 폭발하여 섬 속에 또 작은 호수가 생겼다는데 호기심이 인다.

활화산을 가고자 나루턱에 내려서니 방카 맨 이 반가이 맞이해 준다. 일행은 두 편의 방카에 나누어 승선하였다. 그때 시각 11시10분, 망망한 호수를 내달렸다. 그런데 방카 외관이 조금은 특이하다. 대나무를 엮어 양 날개를 달았는데 균형이 잡혀 안정감이 든다. 전 속력으로 달려도 요동이라곤 별로 느껴 보지를 못했다. 따알화산 선착장 도착시각은 11시 25분, 15분 걸려 왔다. 100여m쯤을 걸으니 조랑말과 마부가 줄을 지어 늘어서 손님맞이를 해 준다. 화산 분화구에 가려면 조랑말을 타고 오르게 되어 있다. 개별 등산은 허용이 안 된다. 이 지역 주민의 생업보장을 위해서 조랑말을 타도록 규제를 해 놓았단다. 조랑말은 동행한 안내원이 일일이 선별을 해 주었다. 어떤 말과 어떤 마부가 좋은지를 대충은 꿰뚫고 있었던 것이었다. 조랑말은 몸체가 작고 훈련이 잘되어 있어 위험한 건 아니었다. 문제는 일정구간은 오르내리는 길이 외길이다 시피하고 말발굽에 화산재가 날아올라 이목구비가 컬컬하다. 마스크와 장갑을 끼고 안경까지 썼건만 별 효험이 없었다. 경사지를 오를 땐 조랑말이 힘에 부쳐 땀을 다 흘렸고 헉헉댔다. 완만한 언덕길에서는 마부도 같이 올라탔는데 힘겨워하여 얼마나 안쓰러웠던지 모른다. 그런데 안쓰럽기는 마부도 마찬가지였다. 초등학교 고학년 또래의 나(나이) 어린 남녀 마부로부터 고령의 할머니, 심지어 아이 엄마까지도 있다. 사례인데, 일행을 태운 조랑말이 마을을 출발하자 아이는 엄마를 떨어지지 않으려고 뒤따라오며 죽자 하니 울었다. 부득불 아이를 같이 태우고 출발은 하였는데 뜨거운 태양 아래 날아오르는 화산재며, 혹여 말에서 굴러 떨어지는 건 아닌지, 엄마의 심정은 어떨지 그 광경에 얼마나 노심초사했던지 모른다. 내가 탄 마부는 마침 30대 중반쯤의 젊은이였는데 그 와중에도 녹음기를 틀어놓고 흘러나오는 팝송에 신이 났고 콧노래까지 불렀다. 이 나라 국민 낙천적이라더니 실감이 간다. 열대의 섬이건만 키 큰 나무는 별로 없었다. 잦은 화산 폭발로 미처 숲을 이룰 틈이 없었던 것 같다. 그러고 보니 이 지역 주민들 생명을 담보로 생활하고 있는 것 아닌지. 이역만리 날아와 생명을 담보로 하는 관광은 아닌지 불길한 생각도 든다. 정상 도착시각은 12시, 35분 걸려서 올랐다. 말에서 내리니 잡상인이 달려와 마부에게 사이다를 서비스하라며 졸라댄다. OK 사인을 보냈다. 값은 1$이란다. 정상에서 내려다본 '따알호수' 전경은 아름답다. 정상 분화구에 또 다른 작은 호수 역시 아름다웠다. 호수 언저리에는 뭉게뭉게 유황 연기가 피어오르고 있었다. 그래서 세계에서 제일 작은 활화산이라고 했던가 보다. 실감이 간다. 통나무로 대충 엮어 만들어 놓은 휴게소 의자에 걸터앉아 한통씩 안겨주는 코코넛을 아내와 같이 빨대로 들이키니 재미스러워 보였는지 일행이 카메라를 들이댄다. 갈증이 조금은 가시는 것도 같다.

하산시각은 12시 35분, 오를 때보다는 여유롭다. 조랑말 발걸음이 가볍게 느껴졌기 때문이었다. 시간도 10분 단축되었는데 원위치에 도착하여 보니 13시. 조랑말과 마부와 잡상인까지 어우러져 마을이 마치 시장 통속 같다. 현지인의 주거양식은 간단한 시멘트 벽돌 구조에 담이라고는 전혀 없어 밖에서 보면 실내생활모습이 훤히 드러난다. 뙤

약볕에 마을청소년들이 간이 농구장에서 농구를 하는데 구릿빛 피부가 땀이 흘러 빛이 났고 번들거렸다. 학교가 없는 마을 젊은이들 교육은 어디서 받는지 궁금하다. 문명 소외지대가 아닌가. 야자나무 그늘에 모여앉아 빠진 앞니 훤히 드러내고 우리 일행 향해 티 없이 웃는 중년 남성 모습이 강한 인상으로 박혀온다. 조랑말이 재산 목록 1호여서인지 말이 새끼를 낳으면 동네는 온통 잔치분위기가 된다고 한다.

선착장에서 방카 승선시각은 13시 05분, 발걸음을 옮기니 미골(尾骨) 부위에 피부가 쓰라리고 아프다. 조랑말 타고 오르내릴 때 반동으로 인해 통증이 일었었는데 일행도 그런가 하고 물으니 우리 부부만 그렇단다. 아니 이럴 수가, 모두가 웃었다. 15분 동안 시원하게 물살을 가르며 호수마을로 돌아왔다. 하선과 동시에 교민 식당에 들었는데 닭

고기며 민물고기튀김이 맛이 있다. 그중 돼지고기 상추쌈은 별미 중의 별미였던 것 같다. 나올 때 주인장에게 고향을 물어보니 서울이라고 한다. 중후한 몸집에 인상이 후덕해 보였다. 그렇지 않고서야 이역만리 떠나와 원주민 틈에 끼여 생활한다는 게 그리 쉽지는 않으리라. 지프니를 배경으로 사진들을 찍었다. 출발시각 14시 05분, 10분쯤 달릴 때인데 펑크가 났다. 지프니 외관은 현란하건만 내용은 듣던 만큼이나 부실하다. 그나마 오르막길이어서 다행이었던 것 같다. 타이어 교체 후 따가이따이 주차장에 당도한 시각은 14시 35분, 버스로 갈아타고 호텔에 도착하여 보니 16시 15분이었다. 오늘 남은 일정은 '어메이징 쇼', 관람예정시간은 19시 30분으로 되어 있어 여유로웠다. 샤워를 하고자 수도꼭지를 트니 상처부위가 몹시도 따가웠다. 아니 앉기조차 불편하였는데 아내와 반창고를 번갈아가며 붙이고 나니 절로 웃음이 나온다. 어쩜 같은 미골부위에다 그것도 영락없는 똑같은 자리에…,

호텔을 나선시각은 18시. 인근 '가우리 식당'에서 저녁식사를 마치고 극장에 당도한 시각은 19시, 30분이나 여유를 두고 왔는데 좌석권이 아니라하여 서둘러왔다. 극장 간판을 보니 Amazing Philipphine Theatre라고 되어 있다. 주인은 한국 사람이란다. 입장하여보니 아직 일러서인지 일행은 좋은 위치에 들 자리 잡고 앉았다. 시간이 지날수록 자리는 채워졌고 관객은 대부분 한국 여행객이었다. 기다리는 동안 신혼부부들이 무대에 나가 연출 장면이 재미가 있다. 모두 한국 신혼여행객이었는데 부부가 번갈아가며 무대에 올라 포즈를 취하면 안내원이 사진을 찍어준다. 키스하는 부부, 포옹하는 부부, 마이크 잡고 분위기 띄우는 부부, 간혹 팔짱만 끼고 무덤덤한 부부도 있다. 대부분 키스 장면들이었는데 가볍게 입맞춤하는 부부, 음미하는 부부, 서로 껴안고 정열적으로 애정표현 하는 부부도 많았는데 공통점은 망설임이라고는 전혀 없었다. 하긴 시대 흐름이고 공인된 사랑에다 신혼여행길이 되어 부러 그런 장면을 연출하고 싶었는지 모른다. 만감이 교차한다.

드디어 무대에서 흘러나온 안내 방송, '어메이징 쇼' 가 개막이 되었다. 처음 출연은 키가 크고 늘씬한 팔등신 미녀였는데 춤과 노래솜씨가 생동감 넘치고 화려하다. 이후 쇼는 1시간 동안 진행되었고 모두 14개의 단막극으로 이어져갔다. 각국의 대표적인 춤과 노래였다. 이집트를 무대로 클레오파트라와 시저의 사랑 이야기며, 일본인으로 분장한 두 배우의 일본노래와 춤은 외모와 노래가 코믹하여 배꼽들을 쥐었다. 필리핀의 전통댄스, 하와이의 훌라댄스며, 아리랑에 맞추어 부채춤은 아름다웠고 마지막에 독도는 우리 땅 이라고 쓰인 국기가 펼쳐졌는데 감격이 물결 쳐왔다. 무희들이 관객석까지 내려와 관객들과 입맞춤하고 껴안고 했던 게 인상 깊다. 쇼가 끝나자 배우들이 출구로 먼저 나가 일렬로 늘어서 일일이 환송을 해 주는데 사진을 찍자 하면 포즈까지 취해준다. 팁은 1$, 배우는 50명쯤이나 될 것 같다. 그런데 관람하고 나와서 놀랐던 건 이들 모두가 게이란다. 그토록 청아한 목소리와 자태 아름다운 무희들이었건만 여자는 한 사람도 없었다니 도저히 믿어지지가 않았다. 안내원이 한 말이었는데 미리 알면 실망할까 봐 이야기를 않았단다. 이들 모두 국가에서 관리한다는데 그렇구나. 또 하나 아쉬움은 단막극은 한 결 같이 장엄하고 화려하였지만, 내용은 확실하게 소화를 못 했다. 줄거리만이라도 서비스하면 좋지 않았을까. 호텔로 돌아온 시각은 21시, 525호실(김기옥님 부부 방)에 모여 소주 파티를 벌였다. 하루일정 말미가 더없이 정겹다. 부부애와 돈독한 우정을 느낀다. 여행의 진수이지 않은가 싶다.

6월 12일(목)

오늘은 필리핀 독립 기념일, 1898년 6월 12일 스페인으로부터 해방을 맞았다. 올해가 110주년 기념일인데 오늘이 목요일이어서 연휴(連休)를 만들어 쉴 목적으로 지난 6일(월요일)을 임시 공휴일로 변경하여 이미 쉬었단다. 어디 상상이나 될 일인가. 특이한 발상이요 재미있는 나라란 생각이 든다. 오늘은 호텔 마지막 날, 짐을 챙겨 조금 일찍 방을 빠져나왔다. 체크아웃을 위해서였는데 불과 사흘 밤이지만 떠나오려니 섭섭한 마음이 든다.

호텔 출발 시각은 09시 05분, 목적지는 '빌라에스쿠데로'이지만, 잠시 15분 거리 '마닐라 대성당'부터 거쳐 가게 되었다. 필리핀에서 가장 중요한 성당인데 1581년 스페인 통치시대 처음 세워진 이래 태풍과 화재, 지진과 전쟁을 거치면서 여섯 번이나 무너진 것을 재건하였다고 한다. 현재의 모습은 1958년에 재건된 것으로 로마네스크(Romanesque) 양식의 건물에 돔 모양의 지붕이 눈길을 끌었다. 성당 내부에는 황금색 제단과 2층에 아시아에서 제일 큰 파이프 오르간 그리고 장미꽃

무늬의 창문과 아름다운 스테인드글라스(stained glass)치장이 인상 깊다. 신심 깊은 아내는 내부를 구석구석 둘러보고 카메라에 담느라 시간 가는 줄을 몰랐다. 동행 한 운전사와 필리핀 안내원도 가톨릭 신자였던지 무릎 꿇고 기도하여 경건한 모습으로 들어 왔다. 그곳을 나와 쇼핑을 하였는데 인제 보니 이번 여행 특징은 쇼핑이라곤 없었다. 처음이자 마지막인 셈이었는데, '월드트레이드 쇼핑센터'에 도착시각은 09시 55분, 예정된 코스여서 들렀을 뿐 일행 모두 별달리 구매의사라고는 없는 것 같다. 눈요기 정도였는데 망고즙만 단체로 구매 배분을 하였다. 두 봉지씩 나누어 값을 셈하여보니 40$. 연이어 '라텍스(latex) 제품매장'과 '올리브 몰' 매장도 들렀는데 거쳐 오는 정도로만 끝냈다.

쇼핑을 마치고 차에 오른 시각은 11시 50분, 가는 곳은 '빌라에스쿠

데로', 라구나 주의 산파블로 시에 자리 잡고 있다. 팍상한 폭포와 30여 분 거리라던데 목적지에 도착하여 보니 14시 15분, 소요시간 2시간 25분으로 꽤 걸려 달려왔다. 스페인 통치 당시에 필리핀의 귀족이었던 에스쿠데로 집안의 가업인 코코넛 농장으로 50만ha 면적 위에 농장규모만도 8만ha에 이른다고 한다. 필리핀의 역사와 문화를 한 곳에 모아놓은 살아 있는 박물관 겸 공연장이 있다. 입구에서부터 하늘을 찌를 듯 쭉 뻗어 자란 야자수가 남국의 냄새를 물씬 풍겨왔다. 이미 늦은 점심때가 되어 바로 식당을 향해 가는데 물소(carabao)가 이끄는 마차를 타고 간다. 앞자리에는 마부가, 뒷자리에는 통기타를 치는 중년 남자와 나이 든 여가수가 같이 타고 가며 노래를 불렀다. 은은한 목소리로 '베사메무초'며 뉴질랜드의 '연가' 등 팝송을 들려주는데 한국관광객에겐 아리랑도 불러준다. 가는 길엔 잘 정돈된 정원이며 꽃길이 아름답다. 정원 가꾸는 원주민들 모습이 한눈에 들어온다. 팝송이 너무 좋아 이 분위기에 오래오래 젖으면 좋으련만 어느덧 목적지, 잠시의 시간이 꿈속의 향기 같다.

안내원 따라 정원 아래쪽으로 계단을 내려서니 인공폭포와 식당이 나왔다. 흐르는 물길 속으로는 식탁이 놓여 있다. 맨발에 바짓가랑이를 걷어붙이고 들어가야 한다. 접시에 음식을 담았다. 뷔페식인데 바닥이 미끄러워 여간 조심스러운 게 아니었다. 메뉴는 돼지고기 닭고기와 전통음식을 곁들여 극히 간소하건만 시원하게 흘러내리는 폭포수 물보라며 열대림 계곡에 묻혀 발을 담그고 먹는 맛이 별미처럼 느껴진다. 어디 선경(仙境)이 따로 있다던가.

점심을 마치고 맨 뒤에 따라 올라오니 아름다운 호수경관을 배경 삼아 카메라에 담느라 여념들이 없다. 곧바로 야자수 열매 따기 시범장으로 향했는데 나무를 기어오르는 모습이 바람결처럼 가볍다. 20m도 넘는 쭉 뻗어 자란 야자나무를 단숨에 올라채는 것이었다. 노랗게 익은 야자열매(코코넛) 송이는 허리춤에 달고 오른 밧줄에 묶어 지상으로 내렸다. 즉석에서 한 통씩 잘라 빨대를 꽂아 들이키니 약간은 달고 미묘한 게 마치 고로쇠 물맛 같은 느낌이 든다. 천혜의 웰 빙 음료이지 않은가. 현지인들을 배경으로 사진을 찍었다. 곧바로 마차를 타고 박물관으로 이동하여보니 16시 15분, 연보라바탕 건물 외관이 멋이 있다.

먼저 '박물관' 소개인데 에스쿠데로 가문이 3대를 이어져 내려오는 동안 필리핀 전역과 세계 여러 나라를 여행하면서 수집해온 각종 진귀품을 소장한 개인 박물관이다. 내부는 2층 구조로 되어 있는데 1층에는 오래전부터 사용하던 예수와 제자들의 조각상, 천주교 장신구, 성물 등 물품과 곤충, 동물의 박제, 필리핀 전통 그림 등이 있고, 2층에는 필리핀 옛날 화폐, 토기, 장신구, 스페인 식민지 시대의 의상과 식기 등 수 만 가지 물건들이 전시되어 있다. 심지어 무덤 내부와 해골까지도 전시되어 있는데 제대로 관찰하려면 한나절은 걸려야 할 것 같다. 박물관 내부가 꽤 크고 넓었지만, 가짓수가 많고 빽빽하여 혼란스런 느낌이 든다. 제대로 진열하려면 내부공간을 3~4배쯤은 늘려야 할 것 같다. 사진을 찍으니 입구의 아가씨가 '사진' 한다. 사진 찍지 말라는 일종의 경고였다. 미처 몰랐는데 카메라에 담지 못한 게 아쉬웠다. 30여 분만에 수박 겉핥기식 관람이 되었다.

박물관을 떠나온 시각은 16시 40분, 마닐라를 향해 달려왔다. 차창을 비가 잠시 뿌리다 말다 한다. 6월은 우기이고 매일 스콜현상으로 우산 철저히 대비하였건만 관광 시간대에는 다행히 한 번도 내리질 않았다. 운전기사가 성질이 급해서인지 여러 차례 추월하여 아슬아슬한 장면을 겪었다. 마닐라 도착시각은 19시 10분, 2시간 30분 걸려 왔다. 전신마사지가 예정되어 찾아갔는데 상호를 보니 BLUE LOTUS FOOT & SPA라고 되어 있다. 안마사는 모두 여자였는데 1시간 20분간 받았다. 측은한 감정에 싸인다. 팁은 2$, 괜찮은 수입이란다. 저녁 식사 차 5분 거리 찾아간 곳은 '솔 한국식당', 그때 시각 21시, 마닐라를 떠나오며 마지막 식사자리였는데 홀은 꽤 크고 넓었다. 돼지고기 볶음에 한식이 입맛에 맞았다. 그런데 관심이 가는 게 있다. 종업원은 모두 현지인 청년이었는데 유니폼에 명찰들을 달았다. 보니 박명수였다. 우리 이름이 아닌가. 또 보니 김구라였다. 그다음 사람들은 장동건, 유재석, 탁재훈, 원빈으로 되어 있다. 이들 모두가 명배우에 명 탤런트이며, 명 개그맨이요, 명가수가 아닌가. 호기심에 이름을 불러보니 만면에 미소를 띠고들 접근해 온다. 돌아가며 이름을 불러주니 그렇게 좋아할 수가 없다. 한류의 영향이 아닌가. 떠나올 땐 모두 손까지 흔들며 아쉬운 작별 인사를 나눴다. 30분 달려 마닐라 센테니얼 공항에 도착 시각은 22시 20분, 항공편은 새벽 1시이니 시간 넉넉하다. 짐 탁송 시각은 22시 35분, 검색대를 통과하여 탑승시간까지 대기하는 동안 한가로이 심신을 풀고 지나온 일정을 정리하였다. 대기승객은 대부분이 우리나라 관광객이었다. 예정 시간을 10분 앞당겨 필리핀 항공 PR466호기에 몸을 싣고 이륙하여 밤하늘을 날아올랐다. 잠시 후 기내식이 나왔는데 나는 걸렀다. 늦은 저녁식사로 무리가 될 것 같아서였다. 하늘에서 맞은 새벽이었는데 우리 시간으로 4시 10분, 동녘 하늘이 어슴푸레 비쳐온다. 항공기가 구식이어서 항로는 전혀 알 수가 없었다. 시간으로만 어림잡아 달려온 하늘길이었다. 드디어 인천공항 착륙, 바퀴가 활주로에 닿자 가벼운 충격이 쾌감으로 느껴진다. 그때 시각 5시 10분, 3시간 30분 걸려왔다. 그간 몇 차례나 별러오던 여행이 되어 더욱 즐거웠고 무사여행에 모두 안도하였다. 내 나라 온기가 느껴져 좋다. 내 나라 품이로다.

(2008, 11 자유문예 제21호)

소매물도 여행기

지난 3월 24일, 금요등산 모임에서 1박 2일 예정으로 통영시 한산면 '소매물도'에 다녀왔다. 오래전부터 계획했던 여행길이었는데 모두 여섯 부부, 3대의 승용차에 나눠 타고 전주 안골 출발시각은 7시 10분, 진안 방향 국도를 타고 10분쯤 달리니 익산 포항 간 고속도로 소양진입로에 접어든다. 고속도로는 아직 건설 중으로 지난해 12월 13일 익산에서 장수 구간만 우선 개통되었는데 초행길이어서인지 모두가 기대감에 부풀어있다. 고속도로에 들어서자마자 험준한 산악과 깊은 산골짜기가 되어 경이롭고, 아뜩하리만큼 높은 교각 위의 도로며 산을 통과할 때마다 연이은 터널은 자연 경관과 어우러져 절경을 이루고 있다. 진안터널을 지나오며 먼 산을 올려보니 마음은 완연 봄기운이건만 아직껏 흰 눈에 덮여 있다. 조금은 이른 시각, 계곡 그늘이 짙어서인지 아침 같기도 하고 새벽 같기도 하다. 모두 여행의 쾌감에 젖어들었다. 함양 진입 분기점에 당도 시각은 8시, 대진 고속도로로 노선이 바뀌었는데 도로 꾸밈새며, 터널 내부와 조명등시설이 한눈에 구별된다. 거쳐 온도로가 한결 돋보였던 것이었다. 산청 분기점 통과시각은 08시 10분, 경호강 물길이 시야에 들어온다. 경호강은 함양에서 진주까지 고속도로 주변을 타고 흘러서인지 차창 밖 눈길이 더없이 시원하다. 성심원 주변경관도 아름다웠다. 성심원은 음성 나환자촌인데 천주교에서 운영 하고 있다. 6년 전 잠시 다녀온 일이 있는데 마치 엊그제 일만 같다. 지리산 자락 산청 휴게소 도착시각은 8시 15분, 차에서 내리니 오는 동안 주변경관에 몰입한 탓이었던지 나른하다. 자판기에서 커피를 뽑아드니 커피 향에 피로가 잦아들었다. 잠시 휴식 후 출발, 약 1시간 달려 '통영 항 여객터미널'에 당도하여 보니 9시 40분이었다. 2시간 30분 걸렸는데 애초 3시간 예정으로 떠나온 길이 도로 사정이 원활하여 크게 단축되었다. '소매물도' 행 출항시간은 11시, 아직 시간이 여유롭다. 대기실에 짐을 내려놓고 주변을 둘러보았는데 통영이라! 항구도시요 문학 도시이지 않은가. 극작가 유치진을 비롯하여 시인 유치환, 소설가 박경리, 작곡가 윤이상, 시조시인 김상옥 등 훌륭한 예술인들이 통영 앞바다를 배경으로 태어났다. 주변 경관이 잘 정돈되고 도시 모습 또한 깔끔하다.

통영에서 '소매물도' 운항은 안내판을 보니 1일3편. 7시, 11시, 14시로 되어 있다. 요금은 13,200원. 경로 할인이 된다. 먼저 왕복표를 끊었다. 요금체계가 좀 특이하였는데 갈 때와 올 때가 달랐다. 12명 요금이 갈 때는 112,800원이었지만, 올 때는 108,000원이었다. 이런 요금체계도 다 있구나.

선편이 '매물도 페리호'라 하여 처음엔 무척 큰 여객선으로 알았다. 그런데 그게 아니었다. 제주도 여행 때 '페리호'를 이용한 선입견 때문이었는데, 선박 재원 표를 보니 87.95톤, 속력 19노트. 정원 127명, 승무원 4명으로 되어 있다. 하긴 조그마한 섬 나들이에 그렇게 큰 여객선은 낭비일 것이었다. 출발 20분 전 선착장에 도착 세찬 바람 맞으며 선실에 올랐는데, 탑승객은 모두 50명쯤이나 될 것 같다. 주로 외지에서 온 여행객이었는데 11시 정시 출발, 바다를 향해 미끄러져 나갔다. 멀어져 가는 통영 시가지 연안이 아름답다. 선미(船尾)에 나오니 소용돌이치는 물보라가 장관을 이룬다. 그 장면을 한참이나 감상하며 카메라에 담았다. 40분쯤 지나 비진도를 거쳐 달릴 때인데 망망한 바다 한가운데에서 파도가 인다. 선체가 크게 요동을 쳤다. 얼마나 놀랐던지. 잠시 평형을 찾는가 했는데 또 한 차례 기우뚱 불안하다. 아내와 약속이나 한 듯 손을 꼭 잡았다. 12시 10분쯤부터는 풍랑이 계속 일었는데, 이상한 건 승무원은 아무런 동요가 없었다. 몸에 밴 탓이어서인지, 별것 아닌 풍랑을 우리만 겁에 질려 하는 것 아닌지 도무지 가늠이 가질 않는다. 잠시 후 파고가 또다시 크게 일자 마침내 '소매물도' 여행 조심하라는 안내 방송이 흘러나왔다. 그 와중에 드디어 '소매물도'에 도착 접안(接岸)을 하였다. 그런데 이번엔 배가 좌우로 요동이 심하여 하선시킬 수가 없단다. 몸을 가누기조차 어려웠다. 선장은 하선을 포기하고 그대로 '대매물도'로 가야 한다느니, 일부 승객은 기어코 이곳에 내려야 한다느니 시비가 일었다. 몇몇은 항의 차 선장실을 오갔고, 선내(船內) 분위기는 질서가 없고 소란했다. 나는 내심 선장 지시를 따르는 편이었는데 결국 하선을 못하고 '대매물도'로 뱃머리를 돌렸다. '소매물도'에는 민박이며, 점심으로 도착과 동시에 회를 먹기로 이미 내약이 된 터였는데, S회원이 부랴부랴 휴대전화기로 횟집에 형편을 전하니 당시 상황을 내려다보고 알고 있었다. 바닥이 좁아서 연락 하고말고, 할 것도 없고 흔히 겪는 일 같았다. 원인은 돌풍에 방파제 시설이 없었던 것이었다. '대매물도'를 향해 가며 파고(波高)를 물으니 약 3m라고 한다. 파고의 실체며 방파제의 필요성을 처음 실감 하였다. '대매물도' 당금마을에 도착시각은 12시30분, 배에서 내렸다. 내리면서 문의를 하니 '소매물도'를 가려면 소형선을 갈아타면 된다고 한다. 대기 선박은 '태양호'였는데 배를 타고 보니 뜻밖에도 6만 원을 내라고 하였다. 이중부담이 아닌가. 당연히 무료로 알았는데…, '매물도 페리호'는 일행을 내려놓고 이미 떠난 후였다. 이런 여행도 다 있구나. 허탈한 심정으로 다시 배에서 내렸다. 당금마을이었는데, 돌로 된 마을표지를 배경 삼아 기념사진을 찍었다. 남을 것은 사진뿐일 터였다. 디지털 카메라에 찍혀 나온 아내모습이 선명하다.

'매물도'의 개략적인 상황인데, 행정구역은 경남 통영시 한산면, 망망대해에 떠 있는 섬으로 육지에서 뱃길로 약 1시간 30분 거리에 있고, '대매물도'와 '소매물도' 2개의 섬으로 되어 있다. 두 섬 사이는 뱃길로 약 10분 거리. 대매물도는 규모가 큰 편이고 매식할 곳 있지만, 볼거리가 없다고 한다. 소매물도는 섬 규모가 작고 식당이 없는 대신 경관이 아름답다고 하였다. 일행은 올 때 소매물도를 목표로 떠나와 민박에 들면 끼니는 자체 해결해야겠기에 쌀과 밑반찬이며 혹시 몰라 컵라면까지 준비해온 터였는데 잘 된 일이었다. 어느덧 13시, 가까운 민박집에 들어 형편을 이야기하니 점심편의를 봐주겠단다. 라면용 물을 끓여주는 등 도움을 받았다. 라면 맛이 혀끝에 녹아들었다. 시장기에 갯바람 풍광 맛도 한 몫 하였으리라. 마침 들린 민박집이 '태양호'선장 집이었기에 섬 상황을 소상히 들을 수가 있었다. 소매물도에 가기를 원하면 자기 선편을 이용하되 운임은 가는 길에 통영 항 터미널에서 환급을 받을 수 있다고 한다. 갈 것인가 말 것인가, 올 때 풍랑에 놀라 의견은 반반이었는데 최종 가기로 결정을 내렸다. 13시 55분 승선과 동시에 바닷물을 갈랐다. 소형선이어서인지 날렵했다. 그런데 요동이 심했다. 떠나자마자 얼마를 가지 않아 쿵하는 소리에 얼마나 놀랐던지 모른다. 내장이 다 출렁거렸다. 또 얼마 안가 암초에 부딪치는 듯 엄청난 큰 충격을 받았는데, 올 때 '매물도 페리호' 불안은 비교할 것도 아니었다. '소매물도 몽돌밭'에 내리기까지 15분여 동안 그 충격을 십여 번은 겪었던 것 같다. 뒤에 알았는데 '페리호'로는 뱃길 불과 10여 분 거리를 15분이나 걸렸던 것도, 또 암초에 부딪치는 듯 큰 충격도, 그날 심한 파도가 순간순간 배에 부딪치는 충격이 원인이었다는데 평생을 담고 살아야 할 추억거리가 될 것 같다. 배 크기를 물어보니 5톤 배라고 한다. '매물도 페리호'는 87.95톤, 선박크기별 승선 체험 실감이 갔다.

소매물도는 '몽돌밭'을 사이에 두고 다시 두 개의 섬으로 나누어져 있다. 바로 '소매물도'와 '등대섬'인데 두 지점을 잇는 곳을 '몽돌밭'이라고 한다. 불과 50m의 바닷길로 되어 있다. 하루에 두 번 열리는 바닷길은 크고 작은 몽돌이 맨몸을 드러내면, 소매물도에서 걸어서 등대섬에 갈 수가 있다. 한국판 모세의 기적인 셈인데 마침 썰물 시간에 맞추어 도착 되었다. '몽돌밭' 주변은 수심이 얕아 소형선만 접안이 가능하고 지형이 천혜의 방파제 역할을 하여 풍랑으로 선착장에서 접안이 불가능한 날도 이곳만은 가능하다. 풍랑 심한 날은 일단 대매물도에 내렸다가 이처럼 소형선을 타고 오면 된다. 배 운임도 '통영 항 여객터미널'에서 환급 받으면 된다고 하였으니 이럴 사정이면 애초에 페리호 승무원이 확실하게 알려줄 일이지, 그냥 갈아타면 된다 하고, 그 말 듣고 배를 탄 우리에게 태양호 선장은 앞뒤 설명 없이 6만 원을 내라 하여 시비가 일었었다. 오해 때문에 생긴 갈등이었지 않은가. 시간은 또 얼마나 지체되었던가.

'몽돌밭'에 도착 즉시 등대섬에 올랐는데 섬은 이국적인 멋이 풍겼고, 아직 계절이 이르건만 남쪽바다의 훈풍을 타고 푸릇푸릇한 새싹이며 병풍바위 촛대바위 위용은 대단하다. '등대섬'은 소매물도의 제1의 볼거리였다. 등대는 하얀 콘크리트 구조물로 높이는 16m, 주변 자연경관과 잘 어우러져 고풍스러운 느낌마저 들었는데, 바람이 어찌나 거세던지 모자를 움켜쥐기 바빴고, 옷깃을 여미기에 바빴다. 사진 찍기마저 불편하였는데 그런 중에도 K회원 내외분은 그곳 특유의 산풍나물을 채취하여 골판지 상자에 한가득 이나 담아 내려왔다. 산풍나물 이야기인데 해풍 받고 자라며 섬에서만 볼 수 있단다. 대매물도 민박집에서 라면을 먹을 때 부인이 맛보기로 조금 데쳐 내놓았었는데 향기가 은은하니 좋았다. 잎사귀는 두텁고 대가 쭉 뻗어서 자라는 나물이라 구별은 쉬웠다.

돌아오는 길은 '몽돌밭'을 거쳐서 소매물도에 올랐는데 '몽돌'은 돌이 둥글둥글하고 매끄러워 붙여진 이름이었다. 밀물 썰물에 돌 모서리가 얼마를 닳고 닳았으면 몽돌이가 되었을까 너무 매끄러워 마치 신이 빚어낸 작품 같다. 수천만 년을 밀물과 썰물에, 비바람에, 그렇게 닳고 닮아 왔으리라. 흠이라면 쓰레기였는데 과자 봉지며 플라스틱 병이며 갖가지 오물이 '몽돌밭' 사이사이마다 끼어 있다. 어찌 흉물스럽든지 쓰레기를 보자 하니 나도 모를 분노가 치밀어 올랐다. 누가 인간을 만물의 영장이라 했던가. 쓰레기 같은 인간들이지 않은가. 소매물도를 향해 계단을 오른 시각은 15시, 가파른 철제 계단이었는데 오르면서 세어보니 143계단으로 되어 있다. 무척 조심스러웠고 숨이 찼다. 망태봉 중턱 7부 능선쯤 비탈길을 올라 선착장으로 가는 길목을 걷다 보니 동백나무 군락이 나타난다. 바닷바람 맵차건만 한창 피어나 선홍빛이 아름다웠다. 정상 조금 아래 능선에 폐교가 있는데 겉모습 깔끔하건만 교문은 굵은 각목으로 못질을 하여 굳게 닫혀져 있다. 보기에 쓸쓸하다. 소매물도에는 한때 35가구가 살았다는데 지금은 11가구만 살고 있단다. 그마저 노인들뿐이었고 아이라고는 전혀 눈에 뜨이지가 않았다. 폐교의 모습에서 옛 영화를 더듬어 보자니 허허로운 생각이 들었다. 민박집에 든 시각은 16시 10분, 낡아빠진 함석 고가였는데 방은 4개, 안방 말고는 협소하여 세 사람씩 가방 들여 놓고 앉기조차 불편하다. 천정은 줄줄이 서까래에 벽지만을 발라 놓은 게 굴곡이 선명하고 금방이라도 퀴퀴한 묵은 냄새가 스멀스멀 일 것만 같았다. 돌아보니 지난 세월 모두 그런 주거환경 속에서 살아왔지 않는가 싶다. 서까래를 보노라니 고향의 품에 안긴 듯 금세 포근한 분위기가 젖어온다. 다행인 건 행랑채에 수세식 화장실 시설을 해 놓은 게 있고 이부자리가 깨끗했다. 물이 귀해서 인지 집집마다 대형 수조와 고무 함지박을 마련해 놓은 것은 기본이었다. 마을을 내려다보면 보이는 것마다 온통 청색 대형 물탱크요 마당 한가득 늘어놓은 고무 함지박 이었다. 이곳

대표적인 건물은 '하얀 산장'인데 규모가 제법 크고 현대식 건물로 되어 있다. 단 이용은 여름 한 철 피서객이 몰릴 때뿐이라는데 그래서 비수기 소매물도 풍경은 지극히 여유롭고 한가로웠다.

저녁식사는 싱싱한 생선회로 예약을 해 놓았다. 17시 30분 그곳에 도착하여 보니 축대 위의 슬레이트로 된 야트막한 재래가옥인데 '다솔 찻집'이라는 간판이 붙어져 있다. 섬을 찾는 방문객을 위해 찻집 겸 회만 간간이 취급하는 것 같았다. 내부는 옛날 선술집에서나 보아온 나무로 된 간이 식탁과 의자가 놓였는데 옹색하기 그지없다. 낡은 벽지 위에는 젊은이들이 남기고 간 사랑이야기며 시구(詩句)며 메모 쪽지들이 빼곡히 붙어 있다. 색 바랜 낙서들이건만 찬찬히 읽어보니 구수하고 재미가 있다. 문틈으로 스며드는 갯바람이 어울려 낭만이 느껴진다.

회는 기본 외에 전복 1㎏을 별도 구입하여 식탁에 올렸는데 12만 원으로 값이 비교적 비쌌고 육질이 단단하여 나는 거의 입에 대지를 못했다. 치아 부실로 맛은커녕 그것 몇 점 씹으려면 시간만 보낼 것이었다. 차라리 죽으로 만들었으면 별미에 고급스럽고 얼마나 좋았을까.

민박으로 다시 돌아온 시각은 18시, 해는 기울고 바닷바람은 세차다. 하루 일정을 마감하고 어둠이 찾아드니 달리 할 일이라곤 없었다. 고스톱으로 여흥의 시간을 가졌는데 자정이 되니 자동 소등이 되었다. 암흑천지라더니 이를 두고 한 말 같았다. 자가발전시설을 하여 섬 전체가 이용하는 모양인데, 미리 예고된 터여서 예상은 하였지만, 그토록 정확히 꺼질 줄은 몰랐다. 순간 소매물도의 밤은 정적 속에 묻혔고 바람 소리만 더욱 크게 귓전을 울려댔다. 태곳적 밤! 바로 이런 것이리라.

자는 둥 마는 둥 어느덧 어둑새벽, 방마다 웅성거림 속에 눈을 떴다. 손목시계를 보니 5시 20분, 전깃불이 없어 아직 달리 할 일도 없다. 얼마 후에 옆방에서 촛불을 켰는지 희미하게 불빛이 비쳐왔다. 날이 밝자 마루에 나와 주거니 받거니 인사가 오갔고 일정이 협의가 되었다. 애초 계획은 아침밥을 지어먹고 이곳에서 오전을 보내도록 준비가 되어 있었는데 부인들이 막상 밥을 지으려 부엌 세간을 둘러보니 엄두가 나지 않은 모양이었다. 부엌이 노천이나 다름없어 먼지에 덮여 말이 아니었다. 아침 배를 타고 통영으로 가자느니, 계획대로 이곳에서 오전을 보내 자느니 의견 분분했다. 일단 아침밥은 통영으로 나가 매식하는 걸로 결론이 났는데 잠시 바깥바람 쐴 겸 주변 풍광을 카메라에 담고 들어오니 전기밥솥에 밥이 끓고 있었다. 배 시간 맞춰 통영으로 나가 먹으려면 거의 점심나절이 될 터여서 부인들이 서둘러 다시 내린 결론 같았다. 배 시간이 촉박하여 먹을 일 또한 급했다. 어디 격식 차릴 겨를 있던가. 방바닥에 신문지 깔아 밑반찬 풀어놓고, 질펀하게 둘러앉아 밥그릇 수북이 담아 먹는 맛이라니. 김치며, 깻잎이며, 멸치조림이며 일상 먹는 반찬과 다름이 없건만 혀끝 맛 이렇게 다를 수가 있을까 놀랍다. 구운 김은 대매물도 민박집 거쳐 올 때 허둥지둥 떠나오느라 빠뜨려 놓고 온 게 아쉬웠다. 갓 지은 이밥에 들기름 발라 구운 김 얹어 먹는 고소한 맛, 이 또한 별미 중의 별미가 아니었을지.

배 시간에 맞추느라 먹던 음식을 자리에 놓아둔 채 주인 없는 민박집을 부랴부랴 떠나왔다. 노변 '다솔 찻집'에 들려 전후 사정을 이야기 하고 설거지며 뒷처리를 부탁 하였더니 젊은 여인네가 흔쾌히 응해준다. 이게 바로 섬 인심이 아니고 무엇이랴. 진심으로 마음속 깊이 고마운 뜻을 전했다.

시간을 맞춰 선착장에 내려오니 통영에서 첫배 '매물도 페리호'가 내달려왔다. 승선시각 8시 20분, 어제와 비교해서는 파고가 다소 줄었다. 올 때와는 달리 가는 뱃길은 기착지가 많았는데 먼저 대매물도항 두 곳을 거쳐, 잠시 후 비진도와 진두 섬을 거쳤는데 비진도 해수욕장이 아름다웠다. 백사장은 500m쯤이나 될 것 같다. 인근에는 100년 되었다는 송림과 낚시터가 있어 낚시와 해수욕을 겸할 수 있다고 한다. 다시 문어포 섬을 거쳐 '통영 항 여객터미널'에 도착시각은 10시 10분, 소요시간 1시간 50분으로 어제보다 20분 더 걸려 왔다. 올 때 비진도 기착지에서 배를 탄 여행객 이야기인데, 두 여성 내 옆자리에 나란히 앉았다. 행색이 특이하여 물었더니 자매간으로 아버지 고향은 천안이라고 한다, 둘 다 40대 중반인데, 결혼하여 서울에서 살다가 이민을 하였는데 언니는 미국 플로리다 주에서, 동생은 캐나다 캘거리에서 산다고 하였다. 이민 간지 10년째 되었는데 언니는 아열대 지역에서, 동생은 로키산맥의 첩첩산 동토(凍土)나 다름없는 지역에서 살고 있단다. 고국방문을 위해 5년 넘게 저축하여 벼르고 별러 5년 만의 만남이 되었다는데 한 달 계획으로 고국 구석구석을 여행 중이라고 하였다. 자매간에 그런 이민도 다 있구나. 그런 고국방문 길도 다 있구나. 그런 국내여행도 다 있구나 하면서 감탄을 하였다. 지금까지 여행 지역만도 설악산, 덕유산, 경주를 거쳐 왔다고 한다. 오늘도 새벽 첫 배편으로 비진도에 왔다가 두 시간 남짓 머물다 간다며, 통영 터미널에 도착하여 다음 행선지는 여수라며 헤어졌는데 무사여행이 되도록 마음속 깊이 진심으로 빌었다.

통영여객터미널에 도착하여 대매물도에서 소형선(태양호) 이용요금 환급을 청구하니 전화로 간단히 확인 절차를 거쳐 6만 원 전액을 환급해주었다.

소매물도에서 일정을 앞당겨 떠나왔으니 하루해가 넉넉했다. 예정에는 없었지만, 이곳 해저터널과 화개장터를 둘러보기로 하고 먼저 승용차로 5분 거리 터널 찾은 시각은 10시 30분, 입구에 용문달양(龍門達陽)이라고 크게 쓰여 있다. 동양 최초의 바다 밑 터널로 길이 483m, 너비 5m, 높이 3.5m라고 되어 있다. 바다 밑을 파서 육지와 섬을 잇는 콘크리트 터널인데 용문달양은 용문을 거쳐 산양(山陽)에 통하는 뜻이라고 한다. 일제강점기인 1931년 7월 착공 1년 4개월 걸려 완성이 되었다. 지금은 지척 거리에 통영대교가 건설되어 터널은 차량소통이 금지된 채 단지 관광용과 인도로만 활용되는 것 같았다. 약 20분 걸려 터널을 한 바퀴 돌아서 나왔다.

곧바로 남해 고속도로를 달려 화개장터 코스에 접어들었다. 섬진강 변 물길과 백사장이 티 없이 맑고 푸르다. 산언저리엔 매화와 산수유 꽃으로 노랗게 물들여져 있었다. 겨울 뒤 끝에 핀 꽃이라 산촌은 평화롭고 더없이 아름다웠다. 12시 30분, 화개장터 못 미쳐 지점에 이르러, 점심을 먹으러 노변 찾아들어 간 곳은 '○○식당'이었다. 외양이 깔끔하고 정원수며 동백꽃이 아름답게 피어 있다. 기호에 따라서 재첩 국밥과 게장 정식을 시켜 먹었는데 8,000~10,000원짜리 식단이건만 차림이 초라하다. 채 5,000원짜리 정도 밖에 되지 않는 것 같았다. 아무리 뜨내기손님이기로서니 모처럼 여행길에 외양이 근사하여 기대하고 찾아 든 식당이었는데, 이럴 수가 있나. 바가지 상혼 아닌가. 음식값을 치르고 나오며 그래도 내색 하지 않고 계산대에 있는 여성에게 "잘 먹고 갑니다, 감사합니다."하고 예의 갖춰 인사하였건만 이번엔 묵묵부답이다, 이런 인심도 다 있구나. 그제야 찾아든 걸 후회를 하였다.

화개장터를 가려다 코스를 바꿔 다음 찾은 곳은 10분 거리 '최 참판댁'이었다. 박경리 작 소설 '토지'의 배경 장소인데 경남 하동군 악양면 평사리, 소설은 1969년 9월부터 집필을 시작하여 1994년 8월까지 무려 25년에 걸쳐 완결되었다고 한다. 원고지 4만 매 가까운 역작인데 결론부터 이야기지만 나는 소설내용을 잘 알지를 못한다. 그간 하도 유명 소설이 되어 읽어 보려고 사다가 서가에 꽂아 놓은 지는 오래되었다. 1999년 1월 7일 구입처 일도문고, 당시 무려 16권이나 되어 독파(讀破)하려면 수개월이 소요되겠기에 주로 단행본 위주의 책부터 읽느라 미루고 미루어 온 게 그렇게 되었다. 무려 9년여 세월, 이쯤 되면 나태(懶怠)의 극치요, 작가에 대한 불경(不敬)이지 않은가 자책감이 든다.

주차장에 내려 경내를 둘러보니 규모 대단히 크고 넓다. 입구에 줄지어 상가가 있고 그 길을 따라 올라가면 TV 드라마 '토지' 촬영 세트장

이 이어진다. 초가는 초가대로, 대가댁은 대가댁대로 전통을 살려 멋이 있다. 초가집은 물레방앗간, 김 평산 함 안댁, 용이 강청댁등 표기가 되어 있고 외양간에는 진짜 소가 살면서 관광객을 맞이하고 있다. 대가댁은 안채, 사랑채, 행랑채, 뒤채, 별당채 등이 있는데 기품이 있고 당당하다. 조금 더 언덕 푸른 대숲을 지나니 '평사리 문학관'이 나왔다. 규모 그리 큰 건 아니지만, 문학의 향기가 물씬 묻어났다. 박경리의 작품세계, '토지'의 줄거리며, 하동지방 문인들의 시화도 걸려 있다. 사진자료를 전시해 두고 영상으로도 보여준다. 절로 뜨거운 시심에 젖어들었다. TV세트장 뒤편으론 목재건물을 한창 건축하고 있어 해머 소리 요란하고, 평사리에서 내려다보니 광활한 악양들판, 초록빛이 완연하였다. 고향 통영을 놔두고 무엇이 작가의 마음에 씌었기에 이곳에 와 심지를 박았던가. '토지'를 잉태한 생명의 땅이어서인지 감회 깊이 와 닿고 숙연한 마음 들었다.

그런데 '최 참판댁' TV세트장을 둘러보며 아쉬운 건 초가지붕이었다. 지붕 이엉이 썩어 골이 깊었고 강풍이 일면 날아갈 것 같았다. 현장감을 살리려 부러 내버려둔 것인지, 아니면 이엉 이을 인력 부족 탓인지 모를 일이었다. 지금이야 초가지붕 없는 세상이 되었지만 골 깊은 초가지붕을 보며 고교시절에 추수 끝나면 이엉과 용마름을 손수 엮어 초가지붕을 이던 생각이 난다. 세트장 관리비용도 만만치는 않으리라. 14시 20분, 평사리를 떠나와 전주를 향해 달려오노라니 섬진강변 차창 너머로 들어오는 봄볕은 따스하고 백사장의 은빛이며 굽이굽이 물줄기가 한가롭다. 지리산 기슭 구례 산동면 온천지구 일대를 지나올 땐 산수유 꽃 군락지가 끝도 없이 이어졌고 보이는 것마다 노랑잔치였다. 이름 하여 산수유 마을이라.

구례터널을 목전에 두고 산야의 나뭇가지에 흔들바람이 거세었다. 남쪽바다 멀리 '등대섬' 을 거쳐 섬진강 물줄기를 타고 우리 일행 따라 내달려온 꽃바람은 아닌지, 구례 땅을 벗어나 계속 달려오며 남원 오리정 '춘향 버선 밭길'을 지나오려니 돌연 애틋한 감정이 쌓인다. 바로 춘향이가 이몽룡과 이별 한 후 슬픔을 이기지 못해 신고 있던 버선을 던져버린 '춘향 버선 밭길'이로다.

오면서 이틀 여정을 돌아보니 오가는 길에 볼거리도 많았고, 등산 가족들과 함께 어울리니 돈독한 정이 더욱 깊어서 좋다. 남녘 섬 여행 한번 잘 했다. 소매물도 풍물 아름다웠지. 몽매에도 잊지 못할 '몽돌밭'의 신비여,

(2008. 7. 자유문예 제19호)

임동석 수필과 여행

나만 알고 남은 모르는 인생살이

인쇄 2018년 4월 20일
발행 2018년 4월 23일

지은이 임동석
발행인 서정환
펴낸곳 신아출판사
주소 전라북도 전주시 완산구 공북 1길 16
전화 (063) 275-4000
팩스 (063) 274-3131
이메일 sina321@hanmail.net essay321@hanmail.net
출판등록 제465-1984-000004호
인쇄 · 제본 신아출판사

ISBN 979-11-5605-515-0 03810
값 15,000원

이 도서의 국립중앙도서관 출판예정도서목록(CIP)은 서지정보유통지원시스템 홈페이지(http://seoji.nl.go.kr)와 국가자료공동목록시스템(http://www.nl.go.kr/kolisnet)에서 이용하실 수 있습니다. (CIP제어번호: CIP2018009155)

Printed in KOREA